EL GUÍA ESPIRITUAL

LIBROS DE JOHN-ROGER, D.C.E.

Abundancia y Conciencia Superior
Amando cada Día
Amando cada Día para los que Hacen la Paz
Amor Viviente del Corazón Espiritual
Caminando con el Señor
¿Cuándo Regresas a Casa? (con Pauli Sanderson)
Dios es tu Socio
El Alucinante Viaje Espiritual (con el Dr. Michael McBay, versión actualizada del libro Drogas)
El Camino de Salida
El Cristo Interno y los Discípulos del Cristo
El Guerrero Espiritual
El Sendero a la Maestría
El Espíritu, el Sexo y Tú
El Tao del Espíritu
Esencia Divina (versión actualizada del libro Baraka)
La Conciencia del Alma
La Familia Espiritual
La Fuente de tu Poder
La Promesa Espiritual
Manual para el Uso de la Luz
Mi Diario con Preguntas y Respuestas desde el Corazón
Mundos Internos de la Meditación
Pasaje al Espíritu
Perdonar: La Llave del Reino
Preguntas y Respuestas Sobre la Vida
Protección Psíquica (versión actualizada del libro Posesiones, Proyecciones y Entidades)
Relaciones - Amor, Matrimonio y Espíritu (versión actualizada)
Sabiduría Sin Tiempo, Vol. 1 y 2
Sabidurías del Corazón Espiritual
Viajes Durante los Sueños (versión ampliada)

OTROS LIBROS POR JOHN-ROGER con PAUL KAYE
¿Cómo se Siente ser Tú?
El Descanso Pleno
Momentum: Dejar que el Amor Guíe
Servir y Dar: Portales a la Conciencia Superior
Viviendo los Principios Espirituales de Salud y Bienestar

EL GUÍA ESPIRITUAL

JOHN-ROGER, D.C.E.

MANDEVILLE PRESS
LOS ANGELES, CA

Traducción por Sylvia Giussani-Baillie
Revisión ortográfica por Mónica Valenzuela
Corrección de prueba por Ana Arango
Coordinación y revisión final por Nora Valenzuela

Mandeville Press
P.O. Box 513935
Los Angeles, CA 90051-1935 (EE.UU).
Teléfono: (323) 737-4055 (EE.UU).
jrbooks@mandevillepress.org
www.mandevillepress.org
www.msia.org

Impreso en los Estados Unidos de Norteamérica
ISBN 978-1-935492-99-3

ÍNDICE

EL GUÍA ESPIRITUAL

Introducción

CONOCÍ A JOHN-ROGER MUCHOS AÑOS ATRÁS. POR AQUEL ENTONCES, YO AÚN NO HABÍA TOMADO CONCIENCIA DE QUE MI VIDA (ASÍ COMO LA DE OTROS) AQUÍ EN LA TIERRA PODÍA TRATARSE REALMENTE DE UN VIAJE ESPIRITUAL, DE UN VIAJE DE NUESTRAS ALMAS.

Pero me gustaba escuchar las historias que me contaba sobre las experiencias que lo habían llevado a despertar a algo mayor, a algo más profundo de lo que la vida parecía ser. No siempre comprendía todo lo que me decía, pero me intrigaba y me motivaba.

¡Ah, las historias que me contaba! De sus vidas en otros tiempos y lugares (lo que él llama "memoria distante"), cuando ganó y perdió los tesoros de este mundo, cuando alcanzó y perdió el poder y el prestigio, poniendo su fe en las ilusiones de este mundo para luego descubrir —por medio de lecciones muy duras— que eran solamente ilusiones. Son historias del guía espiritual... historias de alguien a quien se le está mostrando el camino. Aquí en este libro, John-Roger comparte algunas de sus historias y su sabiduría como Guía Espiritual.

Cuando recién conocí a John-Roger, él solía hablar de "los muchachos del piso de arriba". Como en aquel entonces, J-R vivía en el piso superior de una casa de departamentos y claramente no había nadie viviendo arriba, su comentario me desconcertaba. Con el correr del tiempo, y a medida que él me fue relatando más historias de su contacto y comunicación con los maestros de la Luz, que están más allá de este mundo físico, llegué a comprender que "los muchachos del piso de arriba" era su nombre en clave para referirse a los seres espirituales con quienes él estaba trabajando y de quienes estaba aprendiendo.

En las primeras etapas de nuestra amistad me encontré a veces viviendo dentro de las historias de J-R. Visitábamos a otras personas que tenían el don de la memoria distante y que veían a este mundo como un sendero espiritual conectado hacia atrás y hacia adelante en el tiempo. Ellos abrieron mis ojos a la posibilidad de una realidad que se extendía mucho más allá de esta realidad física. Sin embargo, fue observando cómo vivía J-R que adquirí mis lecciones más profundas del Espíritu. Él miraba el mundo a través de la lente del Espíritu. ¿Qué le estaba enseñando la experiencia de ese momento? ¿Cómo podía aplicar una perspectiva espiritual en todo lo que sucedía? ¿Cómo podrían guiarlo "los muchachos del piso de arriba"? ¿Qué tanto obedecía a la voz de amor y compasión que salía de su ser verdadero?

Amaba su sentido del humor, su óptica, su mezcla de reverencia e irreverencia. Me podía contar la historia de su encuentro con un ángel vestido de mochilero y, a continuación, pasar a describirme su local favorito de hamburguesas en Hollywood (y partir ahí mismo a probarlo). Una noche me podía contar sobre su sendero espiritual en esta vida y cómo había llegado a aceptar el manto de la conciencia espiritual que él llama el Viajero Místico, o que el propósito de su vida era hacer conscientes de la trascendencia del Alma a quienes también recorrían este sendero espiritual y, al día siguiente, ayudarme a enseñar bailes de salón a los niños de la escuela en la que ambos enseñábamos. A veces parecía que podíamos saltar desde el bálsamo espiritual del "océano divino de amor y misericordia" a practicar el surf en las olas de Manhattan Beach, o bien a deleitarnos con un helado de banana.

John-Roger ha sido mi guía espiritual desde el momento en que nos conocimos. Cuando me veo luchando con los desafíos de mi vida, él me puede ayudar a ver una realidad mayor en un instante. Cuando no estoy segura sobre qué decisión tomar en mi mundo físico, puede que él me diga: "Recuerda; tu tarea es la trascendencia del Alma", y entonces comprendo que lo que elija en el nivel físico no es demasiado importante: se trata de ver la Luz de mi Alma en cualquier cosa que yo elija. Cuando reniego de las partes mías que no "están a la altura de las circunstancias", me puede decir: "Recuerda que eres alguien que se ha de amar", entonces vuelvo a valorarme y vuelvo a amarme. También me ha enseñado quién soy en mi Alma, en mi Espíritu. Es un obsequio inconmensurable.

A lo largo de los años he tenido la buena fortuna de convertirme en una amiga de J-R, en su discípula y seguidora. He llegado a conocerlo como a un verdadero místico (como aquellos místicos de la antigüedad, que eran venerados en nuestro mundo como hombres de extraordinaria sabiduría, como personas que habían adquirido la experiencia directa del Espíritu, la que superaba con creces a la nuestra). Aprendí que John-Roger había comenzado su búsqueda de la verdad más profunda de Dios y del hombre mucho, mucho tiempo atrás. Tengo la sensación de que en esta vida, él se encuentra en la cúspide de todo lo que ha aprendido a través del tiempo. Sus historias de otras vidas son fascinantes, y la sabiduría con que vive su vida aquí y ahora es indiscutible. El amor que demuestra sistemáticamente por todo y por todos sobresale como uno de sus logros más importantes. Ese amor se ha mantenido incólume e incondicional durante al menos los cuarenta y siete años que he conocido a este Guía Espiritual, quien me habla de Dios y del Espíritu de una manera en que las palabras nunca antes lo hicieron. No puedo negar que quiero esa clase de amor en mi vida, en mi Alma. Por eso, hacia allá voy día tras día y John-Roger sigue enseñándome a amar mejor y más profundamente. Continúa enseñándome a reconocer la ilusión de los estados de separación y a abrazar la naturaleza de lo divino. Sigue enseñándome a reírme de mí misma y a danzar con Dios.

En *El Guía Espiritual* John-Roger nos cuenta algunas de sus historias con sus propias palabras. Comparte historias de su viajes a nivel físico, emocional y espiritual ... en ésta y otras vidas, de cómo aprendió a ser fiel a sí mismo, a superar aquellos temores que su conciencia humana consideraba como reales, a sobreponerse al sufrimiento experimentado por sus emociones y ego, y a ir más allá de sus enjuiciamientos y dudas. Sus historias describen cómo descubrió la realidad que hay detrás de toda ilusión. Y esa realidad es Dios. Sus relatos pueden iluminar nuestro propio sendero si comprendemos que su historia también es nuestra historia, tal vez no en los detalles pero sí en el viaje de la oscuridad a la Luz, en el viaje desde nuestro ser falso hacia el ser verdadero, en el viaje de regreso de nuestras Almas hacia el corazón de Dios. Si quieres encontrar la manera de ser más feliz, de que haya más gracia y amor en tu vida, sigue leyendo estas páginas o escucha sus historias, y ve hacia dónde te llevan.

Pauli Sanderson

EL GUÍA ESPIRITUAL

CAPÍTULO UNO

Cómo Llegué Al Trabajo Que Hago

ME IMAGINO QUE COMENCÉ A HACER ESTE TRABAJO POR PURA CURIOSIDAD.

Yo pensaba que en la vida tenía que haber algo más que sólo lo que se veía a nivel físico porque, si eso era todo, estar aquí no parecía tener demasiado sentido. Así que, esa curiosidad me llevó a profundos cuestionamientos que apliqué a todos los aspectos de mi vida. Las preguntas que yo me hacía eran: ¿quién, cómo, qué, dónde, por qué, cuándo, cuál es la explicación, quién lo hizo, cuánto y cuán a menudo? Y estudié, observé, puse atención, me cuestioné y experimenté.

Primero estudié: fui al pre-universitario, pasé por diferentes universidades, participé en seminarios, etc. Me convertí en un erudito de la información a nivel intelectual. Leí todos los libros que se me pusieron por delante y muy pronto me di cuenta de que, si alguien me quitaba mis libros, dentro de mí no quedaría nada que respaldara ese "conocimiento". Junto con eso descubrí que diferentes autores afirmaban diferentes verdades. Cuando Einstein descubrió la Ley de la Relatividad, barrió con muchos años de física teórica. Observé este hecho y me di cuenta de que los nuevos materiales siempre refutaban, transformaban y actualizaban materiales más antiguos. Nada parecía ser permanente o definitivo. Esta última conclusión me produjo un estado de enorme confusión, mezclado con una sensación profunda de desaliento frente a la total incapacidad de poder inmortalizar el "conocimiento". Tenía la impresión de que si seguía cualquier idea que leyera en aquellos libros, terminaría siempre por seguir la opinión, las emociones, el dogma, el dinero, la personalidad o las proezas atléticas de otra persona.

De manera que exploré mis propios ideales, expectativas y deseos, descubriendo que todos los individuos teníamos una perspectiva personal, y que nadie era capaz de copiar con exactitud el enfoque de otro. Llegué a la conclusión de que hacerlo era virtualmente imposible. Pensé, entonces, qué cosa podría hacer yo. Dentro de mi conciencia me di cuenta de que si no podía viajar en "primera", prefería quedarme en casa, tomarlo con calma y ahorrarme el dinero. Decidí observar mi propio proceso de evolución y desarrollo para ver adónde me llevaría mi verdad personal. Noté que, de hecho, no me interesaba en lo absoluto convertirme en un maestro con proyecciones internacionales, ni nada que se le pareciese, y que lo único que yo quería era averiguar lo que sucedía y dar testimonio de la verdad dondequiera que la encontrara.

Para empezar estudié la Biblia. También estudié diferentes interpretaciones de la Biblia que habían desarrollado otras personas. Un grupo decía: "Está prohibido bailar" y otro grupo sostenía: "Se puede bailar, pero está prohibido fumar o beber". A pesar de lo anterior, algunos bajaban al sótano a fumar y a tomar cerveza mientras discutían los asuntos de la iglesia. Comprobé que cada uno de los grupos afirmaba: "Nosotros somos portadores de la verdad y ustedes están equivocados". Como ambas posiciones se contradecían, retomé mis estudios de la Biblia para indagar un poco más.

Descubrí que según la Biblia, la Palabra se había hecho carne. Comprendí que la Palabra no podía ser un recinto, un dogma o un ritual sino las personas mismas. De modo que comencé a observar a todas las personas que yo consideraba verdaderamente auténticas y positivas. Pero si me fijaba únicamente en el aspecto de la carne, me daba cuenta de que ella era débil y que a menudo terminaba por traicionarnos. Cuando observaba las emociones, comprendía que éstas eran demasiado erráticas como para albergar a Dios. Después cuando estudié la mente, me encontré con confusión y contradicciones. En consecuencia, este enfoque tampoco me había llevado demasiado lejos en mi búsqueda de Dios.

Todo ese tiempo en mí se había ido instalando una creciente añoranza de Luz, de amor y de una manifestación de Dios de una manera que yo fuera capaz de identificar y con la que yo pudiera relacionarme. Mi plegaria se convirtió en: "Señor, puedes llevártelo todo; sólo quiero saber quién eres Tú". Mi ruego se cumplía constantemente, pero yo era incapaz de reconocerlo aún. Yo sabía que quería a un Dios que existiera en todo, que estuviera presente con todos para que verdaderamente conformáramos una familia de Dios y en Dios. Quería compañerismo y hermandad: la unidad de toda la humanidad. Podía sentir esa posibilidad como real en mi corazón, aunque hasta ese entonces no hubiera percibido realidad objetiva alguna que validase mi anhelo.

Muy pronto mis amigos concluyeron que yo había sufrido de "un ataque religioso" y yo rogaba con todo mi corazón que fuera cierto. Tenía la esperanza de que lo que yo sentía por dentro fuese verdad para que no se derrumbara si era puesto a prueba. A veces mis amigos se cansaban de analizar mis ideas conmigo, pero yo me las arreglaba de alguna manera para insistir y lograr que platicasen conmigo a pesar de ello. Me impulsaba mi visión que me decía que ellos y yo podíamos llegar a un entendimiento, a una actitud de cooperación entre nosotros, a un entusiasmo por esta vida de Dios. Estaba convencido de que mi visión era posible, a pesar de todas las demostraciones del mundo que me hacían concluir lo contrario.

Nuestras discusiones parecían estar plagadas de desacuerdos y puntos de vista antagónicos, pero finalmente tocamos un aspecto que parecía ser un área empírica en la que todos coincidíamos. Todos sabíamos que para cada uno la vida se relacionaba con el proceso de respirar. Pensábamos que posiblemente se tratase de un proceso autónomo del sistema nervioso central o de reflejos motores. Sin embargo, más allá de eso yo estaba convencido de que la respiración estaba íntimamente ligada a la vida y al Espíritu y que todo lo que respiraba tenía vida. También sabía que la vida es conciencia, lo que es Espíritu y lo que a su vez es Dios.

Mis amigos dijeron:

—¡Qué tontería!

—¿Qué les parece entonces que yo siga respirando —inhalando y exhalando—, y que ustedes dejen de hacerlo? —les propuse yo.

Todos contestaron con un rotundo no. Acto seguido añadí:

—Tenemos una cosa en común. Todos inhalamos y exhalamos.

La respiración y el estar consciente de ella eran el denominador común entre nosotros.

Cierto día, nadando en un lago me dio un calambre tan fuerte que se me hizo difícil mantenerme a flote y, ni que decir, nadar de vuelta hacia la orilla. Me hundí y salí a la superficie unas cuatro o cinco veces, y cuando iba como en la quinta vez que subía para agarrar aire, tomé conciencia de que ahogarme era una posibilidad concreta. En ese momento la fuerza de esa comprensión y el deseo de vivir y de tomar esa próxima bocanada de aire —sí o sí— estremecieron mi conciencia como nunca antes. Haciendo caso omiso del calambre, descubrí que avanzaba por el agua con una agilidad inusitada, casi como si la costa me hubiese estirado la mano y me estuviera atrayendo hacia sí. Pude reconocer la fuerza tremenda de la vida que había en mí y el deseo formidable de continuar viviendo. Fue una lección de conciencia en el ámbito de la respiración que ciertamente grabó lo sagrado de la vida en mi conciencia.

Hubo varios incidentes en mi vida en los que estuve muy cerca de la muerte. Tuve accidentes y enfermedades y me acontecieron todo tipo de situaciones de lo más extrañas. Las catástrofes, sin embargo, siempre parecían desarmarse justo antes de producirme un daño irreparable. Pero en medio de todo eso seguía inhalando y exhalando. *Yo* sabía muy bien lo que *yo* estaba haciendo. Ése era mi mandamiento primordial en aquellos momentos: seguir respirando.

En medio del drama y la confusión que parecían rodearme constantemente me dije: "Si sólo pudiese distanciarme de este cuerpo físico durante un instante para ver las cosas con claridad, tal vez podría darme cuenta de lo que está sucediendo. Tal vez podría liberarme de los delirios del ego y de las trampas que yo mismo me pongo. Tal vez el enfoque sea verse tal como los demás lo ven a uno". Pero como yo no sabía cómo se hacía eso, continué empantanado en las confusiones del momento. De a poco llegué a la conclusión de que los demás también me veían a través de sus propias ilusiones, fantasías y puntos de vista del ego. Así fue como comprendí que verme tal como me veían los demás probablemente no sería de gran ayuda.

Había alcanzado esa etapa en la vida en que debía elegir una carrera y analizar mis opciones. Empecé a observar mi entorno para ver qué me gustaría hacer y decidí que quería convertirme en un profesional. Después de todo, cualquiera que fuese 'alguien' tenía una profesión. Ser profesional era bien visto. Pensé que debía graduarme de algo y así fue como conseguí un título universitario en psicología. Me pareció que mi logro era digno de admiración y lo mismo pensaron mis amigos y mi familia. Entonces, empecé a buscar trabajo.

Postulé a un trabajo en donde me preguntaron si tenía un título. Dije que sí, a lo que ellos me respondieron que entonces estaba sobrecalificado para ese trabajo. Así que postulé a otro y en ése me dijeron:

—Para este trabajo necesitas tener un título de *Magíster*".

Es decir, era demasiado bueno para uno pero no lo suficientemente bueno para el otro. Concluí entonces que ese pedazo de papel por el que yo había trabajado tanto era de poco valor. Finalmente, en una de las entrevistas de trabajo me preguntaron si yo tenía un título y cuando contesté que no me contrataron inmediatamente. Poco tiempo después encontré un trabajo que me gustó más, así que renuncié al primero. La gente me decía:

—Cambiar de trabajo tan pronto no es bueno.

—¡Vamos! No me pongan más reglas y no me digan lo que 'debo' ser —les respondía yo—. No me gusta este trabajo y por lo tanto me voy. No quiero volver allí o si no, no me iría. No me da miedo renunciar. Me cambio a un trabajo mejor y en un tiempo más, me iré a otro mucho mejor todavía.

Y así fue como descubrí otro poquito de mi verdad, comprobando que a veces se puede dar un despertar y una comprensión rechazando algo a nivel personal con incluso un poquito de vehemencia. Empecé a entender que la vida se debe vivir de acuerdo con la verdad del momento.

También empecé a notar que de alguna manera mis torpezas, mis errores y acciones equivocadas siempre terminaban bien. ¡Qué interesante! Llegó a un punto en que yo decía una mentira —una descarada, flagrante y redomada mentira— y la misma resultaba ser cierta. Una semana afirmé: "Me voy a comprar un auto nuevo", siendo que ni siquiera podía pagar el que ya tenía, pero a la semana siguiente conseguí una oferta a la que no me pude resistir y muy pronto manejaba yo un auto nuevo. A mí se había olvidado lo que había afirmado, hasta que un amigo me dijo:

—¡Así que efectivamente te compraste un auto nuevo!

Entonces me di cuenta de que otra supuesta mentira se había hecho realidad. Fue así que empecé a prestarle atención al conocedor interno, ése que está consciente de las cosas mucho antes de que la conciencia sepa lo que está sucediendo.

EL GUÍA ESPIRITUAL

CAPÍTULO DOS

El Ser Verdadero

ALGUNOS DE LOS SERES MÁS GRANDES DE ESTE MUNDO HAN DICHO COSAS COMO: "CONÓCETE A TI MISMO" Y "SÉ FIEL A TU PROPIO SER".

Como a los veinte, vi la siguiente máxima a la entrada de una escuela secundaria en San Francisco: "Sé fiel a tu propio ser". Recuerdo haber detenido mi auto y pensado: "¿Por qué habrían de poner algo tan ambiguo a la entrada de una escuela secundaria? ¿Por qué no poner algo así como: 'Salud, riqueza y felicidad'?". Eso era universal, pues todos quieren estar sanos y ser ricos y felices. En cambio, "Sé fiel a tu propio ser" me parecía una pérdida tremenda de tiempo.

Poco después tuve la oportunidad de hablar con el presidente de mi facultad y de preguntarle:

— ¿Qué piensa de esto: "Sé fiel a tu propio ser"?

— ¡Qué afirmación tan bella! Es maravillosa —respondió.

—A mí también me encantó —dije a mi vez—. Hay algo que no acabo de comprender, sin embargo, y tal vez usted me lo pueda aclarar como hombre de letras: ¿Por qué alguien habrá dicho eso?

Creo recordar que la respuesta del director fue algo así como:

—Bueno, es que conocerse a uno mismo es conocerlo todo.

—Está bien —contesté—. ¿Pero cómo sabe uno cuándo conoce a su propio ser?

—Me temía que usted fuera a preguntarme eso.

El presidente de la facultad había demostrado un desconocimiento absoluto de quién era ese ser.

Así que decidí que si un gran filósofo podía decir algo como: "Sé fiel a tu propio ser", este muchacho mediocre que era yo iba a comprender el significado de sus palabras porque, después de todo, no lo expresaba de una manera muy complicada.

A continuación me puse a pensar en la idea y me lancé a la búsqueda de la respuesta. Muy pronto me encontré en la biblioteca de la universidad hojeando una pila de libros y sentí que me invadía una extraña sensación. Pensé que estaba algo mareado, que tal vez a la habitación le faltaba aire, le faltaba oxígeno, que el aire estaba un poco enrarecido. Traté de identificar la sensación de muchas, muchas maneras y, como no pude, concluí: "Bueno, aquí estoy, así que será mejor que me las aguante simplemente".

Me propuse fluir de alguna manera con esa sensación y no pasó mucho tiempo antes de que sacara un libro del estante llamado *Moby Dick*. Leí la parte que decía: "¡Rueda, tú, profundo océano azul oscuro, rueda!", y pensé: "Debe de ser una declaración profunda, porque es lo que el océano hace de todas modos". Es como señalar una ampolleta encendida y decir: "La luz está encendida", o señalar el techo y afirmar: "Ése es el techo". Es conocimiento obvio, así que, ¿para qué calentarme la cabeza con eso?

Esto demuestra el estado en que yo me encontraba: estaba "volándome" intelectualmente. Aunque ni siquiera me daba cuenta de lo que me estaban mostrando porque seguía siendo demasiado inteligente como para ver.

Seguí hojeando el libro otro poco hasta que llegué a una parte en que hablaba el Capitán Ahab. Decía algo así como: "¿Quién mueve esta mano? ¿Soy yo, el Capitán Ahab? ¿Es Dios? ¿Es otra cosa la que mueve esta mano? ¿Quién lo hace?". Pensé: "¡Ésa es la pregunta que me he estado haciendo! *¿Quién lo hace?*", porque a mí me parecía que aunque tú no lo haces, lo estás haciendo de todas maneras. Cuando no piensas que estás caminando, caminas de todas formas. Cuando no piensas que estás manejando tu auto, lo estás haciendo de todos modos. ¿Quién lo está haciendo?

Decidí que tal vez los psicólogos tendrían la respuesta, así que abordé a unos cuantos y les pregunté:

—¿Quién hace eso?

—¡Ah! Es simplemente el inconsciente —respondieron algunos de ellos.

Pregunté dónde se encontraba ese inconsciente y me respondieron:

—Está por debajo del nivel de la conciencia.

Así es que les pregunté dónde estaba *eso* y me respondieron que, a decir verdad, jamás lo habían localizado.

—Entonces, ¿cómo saben que el inconsciente es lo que lo está haciendo? —pregunté.

Por cierto, la respuesta a eso es muy hermosa: porque no se hace conscientemente sino inconscientemente. Los psicólogos habían ganado pero al mismo tiempo habían perdido, porque me vi obligado a descartarlos, ya que no habían sido capaces de resolver el enigma de quién era ese ser.

También tuve la ocasión de hablar con un psiquiatra, a quien le pregunté:

—¿A quién se refiere esa afirmación?

—Es la parte antigua, arcaica del cerebro: el cerebelo, el que está situado en la parte posterior e inferior de la cabeza, junto a la espina dorsal —me respondió.

—¿Cuál es la función del cerebelo? —pregunté.

—No conocemos todas sus funciones —dijo.

—¿Maneja el auto por mí? —quise saber.

—Bueno, no. No lo creo—contestó el psiquiatra—. Se encuentra más bien a nivel de las respuestas instintivas.

—¿Como la ira y el carácter?

—Sí. Probablemente vaya más en esa línea —respondió.

—¿Es que la ira y el carácter manejan autos? —quise saber.

—Y eso, ¿qué tiene que ver con nada? —preguntó a su vez.

De modo que tuve que explicarle lo que me había dicho el psicólogo.

—Está equivocado. Estos psicólogos no saben de lo que están hablando —añadió el psiquiatra.

—Tal vez debería consultar con otro psicólogo —dije.

—Ahórrate la búsqueda —me contestó.

—Quisiera saber quién es el ser y qué significa: "Sé fiel a tu propio ser" —insistí.

—Bueno, de acuerdo a Freud... —comenzó a decir.

—Me gustaría que me respondieses de acuerdo *a ti*. Yo mismo podría leer los libros de Freud. Pero estoy aquí para ahorrar tiempo; estoy aquí porque es más expedito. Tengo que llegar a ese ser, sea como sea —lo interrumpí.

—¿Por qué tienes esa urgencia? —me preguntó.

—Porque esto es algo que todos aseveran, que tienes que ser fiel a eso —respondí—. Y, por lo menos, me gustaría saber de qué están hablando.

—¿Por qué no le preguntas a un sacerdote? —dijo, entonces.

Me di cuenta de que el psiquiatra iba en retirada. No estaba seguro de que fuese por incompetencia, ineptitud o desconocimiento pero, en cualquier caso, simplemente dije:

—Está bien.

Recurrí a una serie de sacerdotes y les pregunté:

—¿A qué ser se refieren cuando dicen: "Sé fiel a tu propio ser"?

Uno de ellos me preguntó cómo se escribía.

—No sé si se escribe con mayúscula o con minúscula —respondí.

Me contestó que había una diferencia, a lo que le dije:

—Decídelo tú y explícame ambas alternativas.

—El Ser con 's' mayúscula sería la conciencia superior y el ser con 's' minúscula sería la conciencia inferior —me explicó.

—Estás igual que todos, jugando con las palabras. ¿Hay alguna clave, algún mecanismo, algún método, alguna palabra mágica, algún abracadabra, hay algo con lo que pueda identificarme dentro de mí para poder saberlo? —inquirí.

—No creo que lo llegues a saber nunca, porque tu mente es demasiado inquisitiva —me respondió.

—Está bien —dije—. Entonces eso quiere decir que tú y yo hemos roto nuestras comunicaciones.

—Aparentemente.

—Lo siento —continué—. Lo que es por mi parte, no están rotas.

—Bueno, creo que yo sí que me cerré —admitió él.

—¿Es porque no lo sabes?

—Efectivamente.

—Entonces, somos dos —dije yo.

—Si lo descubres, ¿me lo harás saber?

—Sólo ruego a Dios que lo descubra, porque parece importante —respondí.

—Pienso que deberías identificar quién es ese ser —agregó.

Era insólito, en ese momento esta persona que había cortado sus comunicaciones conmigo me estaba animando.

—Si vamos a ser fieles a algo, sería bueno identificar de qué se trata, qué cosa es ese ser.

Así que revisé muchos, pero muchos libros religiosos para encontrar todos los puntos de vista religiosos que existiesen. Una síntesis de todo lo que ellos afirman puede ser: "Dios es bueno. Dios está en todas partes, Dios está en todo lo existente y se manifiesta de diferentes formas, las que dependen del mecanismo a través del cual esté funcionando".

También hablé con una serie de educadores y finalmente llegué a la conclusión de que, si tenía que descubrir quién era el ser, sería mejor que lo hiciese yo mismo. La búsqueda religiosa no me había aportado nada. Por muchas razones confieso que me habría gustado que lo hubiese hecho pero, en ese caso, no habríamos descubierto estas ideas nuevas de desarrollo espiritual: si es bueno, te va a funcionar; si no te funciona, busca algo que lo haga. Construye tu vida en base a lo que conozcas. Deja que tu creencia te impulse hacia adelante y que tu fe te diga que lo que buscas va a estar allí. Pero no vivas en el mañana, tienes que vivir en el presente. Y haz que los momentos del presente funcionen.

Por aquel entonces mi búsqueda era frenética, como diciendo: "¡Dios Santo! Pongámonos a trabajar en esto ahora mismo". Por eso decidí visitar un lugar llamado *Land's End* en San Francisco. Era una de esas noches en que la neblina iba cubriéndolo todo y la estación de la Guardia Costera emitía su señal típica. El crepúsculo era increíblemente místico y me dije: "Ésta es una noche perfecta para vampiros, monstruos y hombres lobo". Enseguida pensé: "¿Para qué habré venido? ¿Por qué habré tomado este camino cuando aquí no hay nada?". Algo dentro de mí dijo: "¡Que noche tan hermosa, interesante, mística y espiritual!". Era como si me estuviesen bautizando en la bruma, con vampiros, duendes y todas esas cosas escondidas detrás de los árboles. Y yo sin poder dejar de pensar: "¿Por qué se me ocurrió *esto* aquí? ¿Quién lo dijo? ¿Quién está viendo la parte 'hermosa, maravillosa'?

Vi que había dos ópticas y, hasta donde yo me daba cuenta, ninguna de las dos las generaba yo. Entonces pregunté: "¿Cuál de las dos es la responsable de esto?", y algo muy profundo dentro de mí respondió: "¿Para qué pierdes tu tiempo tratando de resolver estas complicaciones? No seas bobo. Hay tantas otras cosas que podrías hacer. ¿Por qué no sales a bailar?".

Muy cerca de allí había un bar llamado *Red Robin*, con hermosas chicas a gogó que en aquella época aún no eran tan osadas. Pensé que sería una buena idea, porque muy pronto iba a refrescar afuera. Subí al auto y partí raudo al barrio conocido como *Tenderloin*. Un estacionamiento me esperaba justo frente a la entrada, así que supe que estaba bien. Adentro el ambiente era de lo más interesante. La música sonaba a todo volumen y eso me gustó. Las chicas circulaban bastante descubiertas, lo que también me agradó, y lo que no estaba al descubierto, lucía muy bien, porque yo tenía una imaginación prolífera.

Llevaba un par de horas divirtiéndome a más no poder en ese lugar, cuando de pronto me empecé a sentir muy raro, como diciendo: "¿Qué estás haciendo aquí? ¿No te das cuenta de que estás perdiendo el tiempo? No estás siendo fiel a tu ser". Y antes de que yo pudiera decir: "¡Me voy!", me encontré fuera del bar, parado en la calle diciendo: "¿Quién diablos dijo eso? Yo me sentía de maravillas allí dentro".

Caminé hacia mi auto y pensé: "Toda la velada, toda la noche arruinada por completo. Y después de todo, ¿qué hago en una ciudad tan fría como ésta? Yo no nací aquí, sólo estoy estudiando en la universidad. Así que voy a estudiar, voy a sacar mi título y me largo".

Llegué a casa y me quedé mirando los libros y algo dijo: "En ningún caso vas a terminar tus estudios esta noche, pero hay un restaurante italiano buenísimo en *Knob Hill*. Tiene un menú delicioso y también va gente linda. ¿Por qué no vas y pruebas qué tal está el ambiente?". Me subí al auto para ir a ver el lugar y me encantó. Estuve unas tres o cuatro horas ahí. Cuando me dieron ganas de irme eran cerca de las cuatro o cinco de la mañana. Era mejor que me fuera si quería descansar un poco antes de ir a trabajar, antes de ir a la universidad, para poder hacer otras cosas más tarde.

Fue uno de esos días que se arrastran, en que andas con sueño y casi chocas un par de veces. Luego, insultas al tipo en la calle y tienes la secreta esperanza de que se detenga y te haga "el saludo americano" para que saltes del auto y le propines un buen puñetazo en la nariz. Y como no soy una persona peleadora, mientras sucedía todo esto, yo pensaba: "¡Qué ridículo! Si el tipo viniese a golpearme, está claro que le haría el quite. Lo convencería de que no me pegara y lo dejaría como un tonto". Pero una parte en mí ansiaba que lo intentase.

Fue, pues, un día terrible. Fui a la universidad para lograr las cosas que realmente debía tener y que había ido a aprender, pero lo único que quería era acostarme a dormir. Luchaba por no decir: "¡Señor! ¿Podrías callarte la boca, abrir algunas ventanas y traerme un poco de café?". Más tarde, corrí a casa para dormir un par de horas y poder hacer esas otras cosas. Pero dormí toda la noche de corrido y me perdí una de las mejores fiestas de la historia de San Francisco. Cuando me enteré a la mañana siguiente, me deprimí tanto y me sentí tan miserable que pasé el día quejándome porque a la fiesta habían asistido personas que a mí me hubiera encantado conocer.

Cuando les conté todo lo que me estaba pasando a algunos de mis amigos, uno de ellos comentó:

—¡Que estúpido eres!

—Bueno, es verdad —dije— pero no es por mi culpa. Yo soy una persona muy inteligente. ¿Ves? Vivo solo en esta enorme ciudad, me va muy bien y conozco un montón de gente linda. Manejo un auto bonito, cuando puedo costear los gastos.

Ignoré absolutamente el comentario de la persona, aduciendo que no sabía de lo que estaba hablando. Los miré a todos como diciendo: "¿Pero qué se creen ustedes que son?". En realidad eran mis maestros, pero yo no me daba cuenta.

Entonces decidí que lo que necesitaba era un poco de consuelo espiritual. En la esquina de mi casa había una iglesia metodista que parecía estar siempre abierta. Yo solía ir a ese lugar y me sentaba a mirar la cruz. Era tan hermosa con esos focos alumbrándola. Estando sentado allí, muchas veces te invade una extraña sensación y, de pronto, un par de lágrimas comienzan a rodar por tus mejillas. Miras a tu alrededor para ver si alguien te está observando porque, después de todo, si hay alguien debes hacer como si te hubiera caído algo en el ojo y, si no hay nadie, puedes llorar a gusto.

Me quedé ahí sentado y pensé: "Heme aquí, practicando una cierta forma de comunicación religiosa, y ¡Santo Dios!, temo que alguien me vea llorar. ¿Por qué mejor no me marcho y hago otra cosa?". Y así lo hice, pero en cuanto salí de allí, me pregunté: "¿Quién te dijo que te marcharas?". Pensé que me estaba partiendo en dos, probablemente desquiciando, lo que me pareció bastante interesante.

Enseguida decidí que esta vez iba a regresar a la iglesia y me quedaría sentado hasta que obtuviera una respuesta. Y estando sentado, la respuesta no se hizo esperar: Dios es bueno y está en todo lo existente y en todas partes, y cuando terminó de crear la Tierra, miró lo que había hecho y "vio que era bueno".

Entonces me pregunté: "¿Por qué sufro de depresión y de dudas? Y ¿por qué, cuando sé que tengo que estudiar, salgo y hago otras cosas? Y ¿por qué, cuando sé que el auto tiene poco combustible no me detengo a cargar más y sigo manejando pensando que tal vez suceda un milagro? Y sé que si me estaciono en un lugar en particular me van a poner una multa".

Durante un período breve de tiempo, de hecho, fui bastante famoso en San Francisco. Me estacionaba en cualquier parte y donde me diera la gana, excepto frente a un grifo contra incendios porque sabía que la grúa se llevaría mi auto. En cualquier otro lugar simplemente se limitaban a ponerte una multa. A los dos años yo había acumulado suficientes multas como para empapelar un cuarto y pensaba: "¿Quién irá a pagarlas? Porque a mí jamás me van a encontrar. Mal que mal, son una sarta de simplones".

El día en que finalmente me pusieron las manos encima fue de lo más gracioso. Cuando vi acercarse a esos dos tipos hacia mí, lo supe inmediatamente: ¡Policías! Así que simplemente me los quedé mirando y me largué a reír. Yo había encontrado una multa en el auto y la estaba enrollado en mi dedo para hacerla una bolilla y colocarla en mi bolsillo.

Uno de los policías se me acercó y yo le dije:

—¿Estás buscando esto?

—¿Eres el dueño de esa cosa? —preguntó

—No —contesté—, creo que tiene tu nombre.

—Sí —dijo, tomando el papel—, es mi nombre pero en verdad está dirigido a ti. Y me gustaría que pusieras tu nombre ahí y también en el original.

Así lo hice y prometí presentarme en la corte, que es un mundo totalmente distinto. El crimen no paga, y en ese momento aprendí que la deshonestidad te hace perder el derecho a la ayuda divina. Pero nunca realmente me di cuenta de que estaba siendo deshonesto. Tenía muy claro que era imposible manejar el auto cuando se le acabara el combustible y que me pondrían una multa por no poder moverlo, pero pensaba: "¿Qué importa? Me van a multar de todas maneras, así que simplemente voy a estacionarlo aquí aunque aún tenga combustible. ¡Vamos, pónganle una multa y ya!". Me daba lo mismo a nivel mental, pero algo en mí no cesaba de repetir: "¿A quién quieres engañar?".

Sabía que en dos años más me iría de la ciudad y del estado y que no sabrían adónde yo me había ido, por lo tanto, todas esas multas iban a ser una cortesía de la ciudad. Después de todo, ellos me estaban ofreciendo un trato que era muy conveniente. Creo haber estacionado donde quise en la ciudad de San Francisco durante aproximadamente dos años y medio, a un costo promedio de cincuenta centavos por día.

Recuerdo al Juez, un hombre imponente, quien me miró y exclamó:

—¿Qué crees que estás haciendo?

—Creí que me estaba saliendo con la mía —respondí.

El Juez me hizo preguntas durante un largo rato. Yo se las respondía, pero mi actitud dejaba mucho que desear. Era como si estuviese diciendo: "¿Qué puedes hacerme? ¿Matarme?", y dentro de mí se oía: "No lo digas. ¡No abras la boca!".

El Juez preguntó:

—¿Te arrepientes de haber estado estacionando de esa manera?

—No. No me arrepiento de haber estado estacionando en esos lugares, pero no lo voy a volver a hacer —contesté yo.

—Bueno —continuó diciendo el Juez—, ésa era mi siguiente pregunta. ¿Aprendiste algo?

—Claro que sí —respondí—. No es nada divertido estar aquí, frente a usted y a este fiscal.

Me preguntó qué hacía yo en esa ciudad. Mirándolo a los ojos le conté todo con lujo de detalles. A continuación preguntó:

—¿Qué buscas?

—Me estoy buscando a mí mismo —respondí.

—¿Has ido a ver a un psiquiatra? —quiso saber.

—Sí —contesté.

—¿Y qué te dijo? —me preguntó.

—Me dijo que él tampoco podía encontrarlo.

El Juez me sugirió que le preguntara a un sacerdote. Le respondí que había ido a ver a varios. Le di los nombres de todas las personas que había consultado: los profesores, los psicólogos, el psiquiatra, los sacerdotes. El Juez preguntó:

—¿No te dio vergüenza?

—No fui a verlos pidiendo ayuda, como si yo estuviese enfermo. Estaba en una búsqueda. Estoy buscando a mi propio ser, a ese ser que se menciona en: "Sé fiel a tu propio ser".

—¡Buena suerte! —concluyó el juez.

De pronto, lo comprendí todo. No me había dicho: "Buena suerte"; lo que dijo fue: "¡A la suerte de Dios!".[1]

---

[1] N.d.T.: Juego de palabras en inglés: *Good luck* (buena suerte) *y God luck (a la suerte de Dios).*

Algo dentro de mí comenzó a decirme: "Oye, bobito, pon atención", pero también pensé: "No pienso escuchar toda esta sandez". Estaba empezando a descubrir quién era el ser, y cada vez que me acercaba un poco a lo que era, me asustaba. Pensaba: "¿Quieres decir que eso está en mi? ¡Vamos! Eso es más de lo que puedo soportar. No pienso... ¡No, no, no!".

Pero, de tanto en tanto, lograba ver más allá de todo eso y divisaba algo muy bello y majestuoso, y me decía: "¿Sabes? Creo que has estado trabajando mucho. Esta noche deberías ir al *Red Robin* a ver a las chicas bailar", pero instantáneamente recapacitaba: "Tiene que haber algo que me está impulsando. ¿Serán solamente mis instintos masculinos? Seguro; es probable que eso tenga mucho que ver con lo que me pasa. Pero mis instintos me impulsan a hacer muchísimas cosas más. ¿Y cómo es posible que no pueda controlarme cuando los instintos me tironean de aquí para allá? Y si no hago lo que me mandan, me deprimo. Y si tú no haces las cosas a mi manera, me deprimo. Y si las haces como quiero, también me deprimo porque, entonces, te pierdo el respeto porque eres débil y yo no quiero mezclarme con los débiles. Quiero estar con los fuertes". Yo me consideraba bastante débil, así es que, si me rodeaba de gente fuerte yo también me sentiría fuerte y, por lo tanto, merecedor y realmente bien por dentro... pero, ¿por cuánto tiempo?

A la larga descubrí que existen dos seres: uno, que es el ser verdadero y otro, que es el ser falso. Cuando finalmente lo comprendí, el descubrimiento me apabulló porque, aquí estaba yo, despertándome por la mañana con una lucha en mi interior pero descargándome con el mundo. Si me despertaba por la mañana y empezaba a mirar a través del ser falso, decía: "¡Que fastidio! Ya amaneció. Veré si puedo dormir una hora más", porque ciertamente me había levantado por el lado equivocado de mi ser.

La misma situación se trasladó a mi trabajo de investigación. Cuando el jefe me decía:

—Te faltó un punto en la investigación.

—¿Por qué no vas y lo haces tú mismo? —respondía yo.

—No te enfades conmigo —agregaba él—. Te lo digo por tu bien.

Pero mi punto de vista decía: "¿Quién necesita tu ayuda?".

—Tú la necesitas —contestaba él— porque pasaste por alto ese punto

Pero yo no quería escucharlo. Algo dentro de mí decía: "Eres el jefe porque no puedes hacer otra cosa, y seguirás siendo el jefe cuando yo sea el *dueño* de este lugar, pero entonces serás el jefe y estarás debajo de *mí*". Esto último era una señal inequívoca de que el ser falso estaba en acción, y que desproporcionaba todo en relación con lo que sucedía.

Finalmente, un día me comí mi propio orgullo. Creo que ése fue el día en que realmente tomé contacto con mi verdadero ser. Fui a ver a mi jefe y le dije:

— ¡Renuncio!

—¿Te vas a ir, así como así? —me preguntó bastante sorprendido.

—No —respondí—. Lo haré a tu manera.

—Ésa es la *primera* cosa que haces a mi manera —comentó él.

—Sí, pero tampoco exageres —añadí.

Nuevamente estaba apareciendo el ser falso, y yo sentía: "Te voy a dar un buen golpe en la nariz". Si lo hubiera hecho, mi jefe me habría matado y ya sabes cómo duele cuando te están matando. Si te matan, es fácil; pero es el *miedo* a que vayan a matarte y el no saber cuándo ni cómo..., y todo eso es parte del ser falso.

Me había dado cuenta de que mi ser falso estaba tan enmarañado con el ser verdadero que me costaba un mundo separarlos. Pero, de hecho, era bastante fácil porque lo único que tenía que hacer era descubrir: '¿Cuál es el estado de Dios?'. Se lo pregunté a muchísimas personas, porque para mí era un misterio, y algunos contestaron: "Dios es bondad, felicidad y dicha".

—Entonces, ¿cómo es que hay tanta miseria, peste, muerte y desesperación en el planeta? —inquirí.

—Eso es obra de los hombres —dijeron mirándome fijamente.

—¿Realmente? —insistí—. Si Dios está en todas partes y en todas las cosas y en el ser humano, ¿por qué hace eso el hombre?

—Bueno —contestaron—, como tú eres

tan sabelotodo, por qué no vas y lo averiguas *tú* mismo.

Había hecho demasiadas preguntas y perdido la posibilidad de ayuda que ellos podían brindarme. Y cuando caminas por el sendero de la arrogancia espiritual —y yo realmente sentía que estaba en lo correcto—, por lo general, avanzas por el sendero de la equivocación espiritual. Se requiere de mucha valentía para decir: "¿Sabes? No sabía eso", y cuando lo haces, vives en el ser verdadero. O cuando alguien te dice algo y tú miras a la persona y *no* opinas, ni mentalmente ni en voz alta: "Qué estúpido", estás viviendo en el ser verdadero.

Descubrí que en mi interior, el ser verdadero era muy fuerte; tanto, que no le preocupaba cuánto avanzara el ser falso. Le importaba un bledo. Pensé: "¡Qué imbecilidad! Quiero decir, es tan fuerte que sabe que cuando quiera, puede ganarle instantáneamente al ser falso". Entonces me puse a analizar cómo lo hacía y cuanto más pensaba en eso, más gracioso me parecía. Tomé conciencia de que me estaba riendo a carcajadas, que lo estaba pasando muy bien, y en ese momento descubrí una de las respuestas: lo aventaja con sentido del humor. ¡Ésa era una de las claves más importantes! Y enseguida la alegría me invadió y comencé a experimentar un tremendo optimismo dentro de mí, a tal punto que sentí que mi interior iba a estallar y que yo me desparramaría por toda la ciudad con toda esa dicha. Fue tanto que tuve que detenerme. Tenía que salir y hundirme en una depresión.

El ser falso es tan fácil de identificar porque es el que pone la cara. Dice: "¡Mírame! Soy amoroso, encantador, inteligente, rico, conocedor, varonil y también puedo decir palabrotas", la lista completa de todas las cualidades fantásticas. Dice: "He estado aquí y también allá", aunque no sea cierto porque, ¿quién puede verificarlo? Hasta que llega alguien que pregunta: "¿Dónde dices que estuviste?". Le cuentas y dice: "¡Ah! ¿En esa casa verde de la esquina?", y el velo es desgarrado.

Exclamas: "¡Sal de aquí! ¿Quién te crees que eres para pedirme explicaciones?". Pero entonces la persona te arrincona y terminas reconociendo: "¡Ah! Ésa era otra ciudad. Sí, claro... una ciudad diferente".

A esas alturas, compruebas que has perdido todo crédito frente a los que te rodean. Pero lo interesante es que lo único que tienen que decir es: "¡Qué gran tipo eres!", para que el ser falso vuelva en gloria y majestad.

También observé que el ser falso tenía cuidadosamente anidado en él al ego y que, además, albergaba allí la vanidad y el orgullo. Claro está que yo sabía muy bien que carecía de todo eso, y lo sabía porque nunca lo había visto. Había escuchado a mis amigos decir que yo era un poco engreído, pero yo estaba seguro de que no era así porque ser engreído implicaba tener defectos y yo sabía que no tenía ninguno.

Luego fui a visitar a un amigo muy querido, con el cual yo había estudiado. Era algo así como el hijo del presidente y mi seguro para obtener el diploma, en caso de no cumplir con alguno de los requisitos. Ése también era el ser falso calculando su jugada.

Mi amigo dijo:

—Sabes que tú eres mi amigo y que te quiero mucho, ¿verdad?

—Es cierto —dije, mientras pensaba: "¡Qué suerte tienes!".

—Sin embargo —continuó—, uno de estos días vas a abrir los ojos y verás que eres un imbécil.

—Eso también es cierto —respondí, porque por un instante algo me dijo: "Mira y escucha, porque este muchacho va a leerte la cartilla".

Me estaban dando ganas de vomitar, el estómago me daba vueltas y me sentí como la Torre de Babel, que se derrumbaba con todas mis imágenes falsas. Ni siquiera podía balbucear nada.

Permaneció sentado y procedió a enumerar cada una de mis falsedades. Ese idiota, ese zoquete, ese bueno para nada, ese don nadie me retrató en más o menos veintidós minutos. Después, estuvo tres horas más pasándome pañuelitos mientras yo lloraba como un tonto.

El ego falso utiliza toda clase de técnicas y una de ellas es decir algo así como: "Sí, tienes razón, realmente no sirvo para nada". Ése es tu pie para que te respondan: "Oh no, realmente *eres* bueno", a lo cual tú preguntas: "¿De qué manera?", e inmediatamente estás en el ser falso otra vez.

Pero mi amigo era muy listo, así que, cuando dije: "No sirvo para nada", me respondió: "Me alegro de que puedas verlo".

Temía preguntar: "¿A qué parte te refieres?", porque sabía que me lo iba a decir. Pero como yo tenía una mente inquisitiva, le pregunté y efectivamente me lo dijo. ¡Dios lo bendiga! Tenía razón en todo. Pensé: "Tú debes ser el mentado salvador que ha regresado al mundo, porque es como si hubieses estado caminando a mi lado desde el principio".

Cuando llegamos al final de la lista, preguntó:

—¿Algún comentario?

—No —dije—, creo que me voy a tener que retirar a pensar en todo esto.

—Está bien —contestó él.

Corrí a mi casa, empaqué mis cosas, me subí

al auto y me marché del estado. "Esto es mucho más de lo que soy capaz de asimilar", pensé.

A continuación que me inscribí en otra Universidad y me preparé otro poco. Un día, me senté en la cima de una montaña muy, pero muy alta. (Por alguna razón, acostumbro a escalar montañas increíblemente altas y trepo a árboles altísimos, creo que porque es mucho más difícil escapar cuando te atrapan ahí). La montaña se ubicaba en *Salt Lake City*, y era el lugar en donde Brigham Young[2] había declarado: "Éste es el lugar correcto". Yo solía decir: "Éste es el lugar correcto, pero vayámonos a California", porque el estado en cuestión no me gustaba. Lo gracioso es que, sin importar en el estado en que estuviese, ninguno me gustaba. Ni siquiera me gustaba mi propio estado. Estaba internamente en un estado de confusión y ansiedad que solía desencadenar un estado de desesperación y depresión. Era yo quien lo estaba desencadenando. Yo era el productor, el director y el actor, pero nadie compraba entradas para ver el espectáculo y yo estaba a punto de caer en bancarrota.

---

[2] N.d.T: Brigham Young, Jefe religioso estadounidense, colonizador de Utah y segundo presidente de la Iglesia de los Mormones

Descubrir que estás cayendo en bancarrota con respecto a ti mismo es una sensación terrible. Una cosa es estar en bancarrota materialmente y no tener un peso en tus bolsillos, y otra es estar en bancarrota a nivel emocional, cuando ya no quieres que vuelvan a herirte. Y es algo muy diferente estar en bancarrota a nivel mental, que es cuando ya no puedes captar una idea más porque tu mente está repleta. Pero estar en bancarrota a nivel espiritual es la muerte absoluta, y yo estaba al borde de la bancarrota espiritual.

Aunque ni siquiera lo sabía, porque aún contaba con mi bueno y familiar ser falso quien, según lo que yo calculaba, me llevaría a la tumba. También sabía que cuando me fuera a la tumba, él se desprendería y me esperaría en una encarnación nueva. Entonces cuando yo regresara, me estaría esperando y volveríamos a jugar al juego de las vidas musicales[3] otra vez. Pero algo dentro de mí dijo: "¡No vas a volver a jugarlo!".

Fue en ese momento, como cayendo de rodillas, que imploré: "¡Señor mío, te lo pido por

[3] N.d.T: Probablemente, una referencia al juego de las "sillas musicales".

el amor de Dios, por el amor a mí, ayúdame! ¡Cómo sea, cómo sea!". No me partió un rayo ni nada por el estilo, pero había recobrado la esperanza. Ojalá Él me hubiese dado alguna señal en aquel momento: un trueno, un soplo de brisa, algo. Ni siquiera las moscas se posaron sobre mí. Si un bicho me hubiese picado, por lo menos, podría haber dicho: "¡Ah! ¡Una señal, un augurio!", pero no sucedió así.

Seguí con mi vida y terminé mi educación, saqué algunos títulos y decidí irme a Arizona. Para aquel entonces, yo me había convertido en un orientador bastante despierto y manejaba algunas técnicas realmente bien. Podía llegar al meollo de la vida de una persona, encontrar el agujero en su armadura y remecerlo. Si me daban treinta segundos con alguien, podía sacudirlo hasta el tuétano. Conocía las palabras exactas, sabía cómo decirlas, cómo mirar a las personas, porque me habían entrenado los expertos y ellos me enseñado a manipular las palabras. Solía pensar para mis adentros: "¿Para qué habré aprendido esto? Puedo derribarte en treinta segundos y mientras tratas de ponerte de pie, puedo patearte en los dientes y, si quiero, también puedo cuidarte toda una semana". Comprendí que eso involucraba mucho poder y también me quedó muy claro que era algo negativo.

Arizona no resultó como esperaba y terminé en el sur de California. Empecé a buscar en mi entorno al futuro salvador. La Biblia decía que el salvador regresaría y todos aseguraban que él ya estaba aquí, en algún lugar. Y yo pensé: "Lo voy a averiguar", es decir, ¿cómo no iba a saberlo yo? Después de todo, fíjense bien con quién estaban hablando.

A continuación, me aboqué a lo que se conoce como una búsqueda espiritual. Durante cerca de tres años dediqué cada segundo de mi vida a eso. Cada vez que aparecía el ser falso cuando miraba a alguien y lo juzgaba, me acercaba a esa persona y le decía: "Lo siento, me disculpo con usted", y me miraban como diciendo: "¿Qué bicho te picó?".

Yo pensaba: "Ése es tu ego. Algún día vas a vivir lo que yo estoy viviendo, pero yo eso ya lo estoy dejando atrás".

Otra cosa que tendía a repetirse era que yo pensara: "Voy a hacer esto", y que alguien dijera: "No tienes que hacerlo porque no marcará ninguna diferencia y, mal que mal, tampoco va a funcionar".

Fue entonces que la duda se convirtió en una muy buena amiga para mí. Cada vez que ella se manifestaba en relación con algo, yo sabía que era eso precisamente lo que debía hacer. La duda parecía querer bloquearme. Yo le había conferido tanta energía al ser negativo, que éste tenía autoridad absoluta sobre mi vida y ¡vaya que hacía bien su trabajo! Por la noche, cuando me iba a dormir y yacía solo en mi cama, las paredes y el techo parecían plegarse y, en ocasiones, pensaba: "¡Dios mío! Tiene que haber algo más que todo esto". Quería dormir, pero estaba tan tenso que giraba en la cama durante toda la noche pensando: "¿Cuándo me voy a dormir?".

Al final, decidí que lo único que tenía que hacer era encontrar al ser verdadero y que, en ese momento, las piezas caerían en su lugar.

Hacerlo no me llevó demasiado tiempo y requirió de una serie de enfermedades emocionales severas que me afectaron. No me volvieron loco, pero me llevaron a considerar con mucho cuidado dónde daría mi próximo paso. Me pusieron muy cauteloso con respecto a lo que pusiera en movimiento. Estaba compensando karma a un ritmo vertiginoso, pero no había nadie que me lo explicara.

Mi cuerpo también padecía de toda clase de dolencias físicas, por lo cual fui a ver a un médico.

—Usted está muy enfermo. Su cuerpo se está cayendo a pedazos —me dijo.

—Lo sé —le respondí. Usted debería estar en mi cuerpo, a ver si puede aguantar el dolor.

El doctor me dijo que debía operarme y estuve de acuerdo. Hablamos de programarlo para alguna fecha en Noviembre y yo sugerí esperar hasta el año siguiente, pero él dijo que debía someterme a ella antes de fin de año, por lo que le comuniqué a mis amigos: "Bueno, me voy a morir. Hasta aquí nomás llego".

Entonces, mi madre apareció en escena. Ya saben lo increíblemente valiosas que pueden ser las madres. Se aparecen y, si no estamos atentos, dejan que nuestro ego falso se infle como un globo.

—Odio decirte esto —le dije—, pero quiero que sepas que ya he hecho mi testamento y te lo dejo todo a ti.

—¡Ay, hijo mío! —protestó—. No hagas eso. Eres mi...

Instantáneamente comencé a sentir un poco de lástima por mí mismo. Pero enseguida pensé: "¿Voy a volver atrás? ¡Basta ya!". Ahí estaba yo, siendo sometido a la ley de la reversibilidad que dice que las cosas nos van probar volviendo a presentarse, pero una vez más no había nadie allí que me lo pudiese explicar.

Me sentaba en un rincón a elucubrar sobre lo que acontecía y me preguntaba: "¿Qué es todo esto?", hasta que comprendí: "Tengo que salirme del cuerpo para poder ver lo qué es. No lo puedo ver mientras esté aquí, porque me confundo. Si alguien dice: "¡Bu!", voy a dar un salto y saldré arrancando".

Entonces, llegó el gran día de la operación. Antes de que me anestesiaran dije: "Quiero que sepan que todo es hermoso y que todo está bien", y me fui al mundo de las tinieblas, en donde no se tiene conciencia de lo que está sucediendo. Muy rápidamente desperté en una conciencia superior. Vi a un montón de personas de pie junto a mí y dije: "Vaya, me morí". Era bastante agradable, aunque un poco nebuloso y no podía ver con demasiada claridad. Me explicaron lo que estaba sucediendo y me permitieron ver algunas de las situaciones y patrones de vida, y me dijeron:

— Ahora vas a regresar a tu cuerpo y vas a hacer todas estas cosas.

—Sí. Lo haré —respondí yo—. Voy a regresar allá y lo voy a hacer.

¿Sabes? Cuando nos encontramos al otro lado estamos muy seguros de todo porque lo vemos con el conocimiento espiritual puro y sabemos que todo es perfecto, apropiado, justo y fantástico. Y, naturalmente, lo arruinamos regresando acá. Entonces pensamos: "¿Por qué estoy aquí?", y la respuesta obvia es "porque lo elegiste". Podríamos pensar: "¡Oh, no! Yo no puedo haber elegido esto". Ése es el ser falso desempeñando su labor destructiva. El ser verdadero lo ve todo en función de nuestra realización espiritual.

De modo que me las arreglé para regresar al cuerpo físico. Giré lentamente mi cuerpo en la cama y miré a esa mujer que estaba sentada a mi lado. Ella preguntó:

—¿Estás bien?

—Claro que sí —respondí.

Y ella llamó inmediatamente a la enfermera y le dijo:

—Él no se encuentra bien.

—Sí —rebatí—, estoy bien.

—¿Dónde estoy? ¿Qué sucede? —continué preguntando, porque había vuelto con una conciencia diferente y parecía que las cosas habían cambiado.

Miré a esa mujer y ella preguntó:

—¿Sabes quién soy?

—Sí —respondí—. Creo saber quién eres.

—Soy tu madre —dijo ella.

—No, no lo eres. Diste a luz el cuerpo físico, pero creo que debes saberlo ahora mismo que no eres mi madre —repliqué.

Fue entonces, que ella se dio cuenta de que algo andaba mal.

—No necesito una madre —agregué—, pero, ¿te gustaría ser una amiga mayor? Creo que me hace mucha falta una amiga que sea mayor.

Y ella decidió que sería mi amiga mayor hasta que pudiese ser mi madre.

Ése fue un cambio de conciencia que tuvo lugar en 1963, tras el cual se me permitió transitar por la vida y experimentar esa conciencia por medio de un cuerpo físico. De cierta manera creo que me podría considerar uno de los más afortunados porque, una vez que encuentras a tu ser verdadero, has encontrado tu luz del Cristo en tu interior y también tu propio centro de Dios. Has descubierto que todo es justo y apropiado. Y una de las cosas inconmensurables que experimentas es una serenidad interna que te impulsa a ascender. No te urge a ir a un bar nocturno o a salir corriendo a una hamburguesería a las tres de la madrugada.

Simplemente te impulsa a ascender hacia una conciencia superior. Siempre dice: "Yo puedo", muy rara vez dice: "Voy a intentarlo". Simplemente dice: "Lo haré", o: "Voy a estudiarlo".

Estos dos seres están dentro de nosotros. No debemos reforzar a nuestro ser negativo porque de hacerlo, nos encontraremos constantemente en un estado atormentado. Nuestro ser negativo extrae su energía de la negatividad, de los contornos de la Tierra-física, de nuestras situaciones fuera de desequilibrio. Existe aquí, en el plano físico, con nosotros y es uno de los centinelas más fantásticos. Por ejemplo, te producirá pesadillas si no haces lo suficiente durante el día.

El ser verdadero, de hecho, no reside aquí, lo hace en el Espíritu. El Espíritu está en todas partes pero lo que quiero decir es que el ser verdadero no habita aquí, en lo físico. Lo encontramos cuando regresamos a nuestro ser espiritual. Cuando accedes a esa conciencia y miras el mundo, dices: "Es tan hermoso. Todo es justo y apropiado".

EL GUÍA ESPIRITUAL

CAPÍTULO TRES

En Busca De Un Maestro

HAY UNA PREGUNTA MUY BUENA, QUE TODOS PARECEN HACERSE POR DENTRO:

"¿Por qué me cuesta tanto lograr que el Alma (que es mi ser verdadero, mi ser real, mi contacto con Dios) funcione y trabaje aquí en este mundo, de modo que yo pueda conscientemente experimentar un estado de felicidad más permanente y profundo, y elija las cosas que me importan y que quiero en mi vida y deje de tener penas del corazón, sentir tristeza, sufrimiento, etc.?".

Dios sabe que me planteé esa pregunta muchas, muchas veces. Y un día decidí que si yo podía *preguntar*, ciertamente debía de haber, como fuera, una respuesta rondando por ahí que pudiera apaciguar mi mente y mis emociones para que mi cuerpo se sintiese bien. Entonces caí en cuenta de que si decía: *mi* cuerpo, era otro quien estaba hablando y no el cuerpo mismo. Y si decía: *mi* mente, *mis* emociones, también sabía que yo no era ni la mente ni las emociones. Entonces, ¿quién estaba hablando, quién era el que se quejaba?

Me pregunté: "¿Quién se está quejando?", y la respuesta fue: "Se queja el que está insatisfecho, porque nadie hace las cosas cómo tú quieres, de la manera que tú piensas que se deberían hacer". Por supuesto que yo pensaba que era sensato que todos hiciesen las cosas a mi manera, de la forma "debida".

Les preguntaba a los demás cómo veían ellos las cosas. Les presentaba una situación hipotética en tercera persona, la que era real porque indudablemente se trataba de mí mismo. La describía detalladamente y les exponía mi propia conclusión. Entonces, preguntaba: "¿Estás de acuerdo?", y ellos decían que sí, aunque en realidad no lo estuviesen. Lo que yo hacía era programar sus respuestas para poder sentirme mejor con respecto a mis errores.

(Sabía que eran errores, porque me producían dolor. Yo había decidido: “Esto duele, por ende, es un error”. Pero en realidad esa afirmación era mi error más grande, porque algo puede no ser un error y doler. Tal vez era simplemente un error de percepción, un error de conciencia).

Me justificaba por hacer algo para sentirme bien, aunque los demás sufrieran por eso. Estoy seguro que es bastante típica en todo el planeta en la evolución del ser humano la siguiente conducta: “Quiero esto cueste lo que cueste, aunque sea a costa tuya”. Y escuchaba respuestas que apoyaban mi punto de vista, porque les preguntaba a mis amigos, quienes me planteaban puntos de vista que me favorecían. Pero con lo que ellos me decían, no resolvía nada.

Un día, lleno de desesperación me pregunté si ellos eran realmente mis amigos, porque me daba cuenta de que me decían lo que yo quería escuchar y, también, que lo que me decían no me servía. Entonces le pregunté a una persona que había afirmado con vehemencia que yo no le gustaba. Le conté la historia como si estuviese hablando de una tercera persona y me puntualizó exactamente cómo él veía las cosas, y fue diametralmente opuesto a lo que todos venían diciéndome. Me dolió mucho oír la verdad porque yo, hasta ese momento, la había relegado a mi propia forma de pensar y de ser, y punto. Se me cruzó por la mente: "A esta persona no le gusto, está prejuiciada porque en el fondo sabe que se trata de mí".

De modo que recurrí a muchas personas que no eran ni amigos ni enemigos míos, y que tendrían una opinión desinteresada. Eran neutrales y no les importaba si volvían o no a verme. Empezaron a decirme algo bastante parecido a lo que me había dicho mi "enemigo", pero lo decían de una manera en que yo podía procesar la información. Debo haber hablado con unas cincuenta o sesenta personas de este tema en particular, que para mí era un problema tremendo. Si se hubiese llegado a saber, mi reputación se habría arruinado por completo.

El problema en cuestión era que yo no me dedicaba a estudiar, sabiendo perfectamente que eso era lo que tenía que hacer. Cuanto más lo discutía con otros, más me convencía de que definitivamente la cura era sentarme y ponerme a estudiar hasta que realmente me aprendiese el tema. También comencé a entender que si quería pasar cualquiera de los cursos del programa, independientemente de lo que pensara del profesor o del tema, era mejor que pudiera responder a las preguntas del profesor con la información tal cual él la había presentado.

Era difícil, porque yo quería que los profesores me tomaran la prueba en base a las preguntas que yo había estudiado del libro, pero eso no sucedía nunca. También me caían un poco mal porque siempre hablaban de cosas que a mí no me interesaban y sobre las que tampoco quería leer. Yo estudiaba el tema como para familiarizarme con él, pero ellos formulaban la pregunta de una manera que me obligaba a saber la materia y no simplemente a conocerla a grandes rasgos.

Estaba empezando a comprender que realmente en eso no había nada personal, secreto o escondido, y que se trataba de un libro abierto que cualquiera que quisiera tomarse el tiempo podría leerlo muy fácilmente. Tuve esa conducta durante bastante tiempo: podía pasar el examen con una "C" a los dos a tres minutos de haber leído el libro y, sin leerlo, sacarme al menos una "D".

Había otros que leían el mismo libro y sacaban una "A" o una "B", lo que demostraba que yo seguía siendo bastante tonto en la jerarquía de este tipo de inteligencia. Eso no me caía en gracia porque, después de todo, yo había crecido con aquellos muchachos, comido el mismo tipo de comida, ido a la misma escuela, perseguido a las mismas muchachas y creado los mismos problemas. Pero ellos sacaban "A" y "B", mientras que yo sacaba "C" y "D", hasta que mis amigos me dijeron: "Si observas lo que hace el profesor, él te va a telegrafiar la información". Me dediqué a observarlo y era cierto: el profesor telegrafiaba las respuestas. Así que empecé a tomar nota de las respuestas, luego las estudiaba, rendía la prueba y sacaba una "A".

A raíz de eso, mi tiempo libre para pasar el rato y hacer un montón de otras cosas aumentó, pero me di cuenta de que haciendo eso me estaba perjudicando tanto como con mi conducta anterior, porque me perdía las cosas que verdaderamente me interesaban en la vida. Había empezado a complacer a muchas personas y eso es adorar al dios de la opinión, porque uno está demasiado pendiente de lo que "ellos" piensan y de lo que "ellos" dicen. Ello me obligaba a modificar constantemente las respuestas que le daba al mundo para complacer a los demás. Lo seguí haciendo hasta que, en algún momento, dejé de reconocer quién era el que decía: "Éste es mi cuerpo, ésta es mi mente y éstas son mis emociones". Mi interés era pertenecer a cierta elite y, para conseguirlo, me comportaba cómo creía que ellos lo harían. Pensaba que si ellos se enteraban de que yo hablaba como ellos me integrarían a su grupo. No fue así. Ellos querían a alguien diferente a ellos, pero yo lo ignoraba. Yo tenía la impresión de que querían a alguien como ellos, que fuese compatible y que ellos pudiesen moldear a gusto. Tuve suerte de no entrar a ese grupo, aunque entonces me creyera muy desafortunado. Sentía: "Todos están en mi contra. ¡Qué desastre, qué terrible!". Estaba muy ocupado juzgando lo que sucedía a mi alrededor y tan ocupado estaba, que ya no me daba cuenta de quién era el que juzgaba.

Mi boca decía muchas cosas, pero partían de un sentimiento y un pensamiento que alguien, como detrás de mí (yo mismo), sacaba afuera a la fuerza. Nunca supe quién me hacía meter la pata. Yo no quería decir algo y, a pesar de eso, lo hacía. Después, la acción se me devolvía y alguien me decía: "Escuché que hace dos semanas dijiste tal cosa". Inmediatamente yo trataba de enmendarlo diciendo: "Bueno, lo que realmente quise decir era esto otro", usando palabras que complacieran a la persona. Luego, esa persona se lo decía a otra y la segunda persona me encaraba diciendo: "Le dijiste a fulano de tal que...", y entonces, yo volvía a modificar mi historia para tratar de complacer a la persona que tenía enfrente.

Todo lo que yo hacía era tratar de complacer a las personas para gustarles, pero nunca lo logré. Y seguramente tuvieron que aguantarme, a pesar de querer complacerlas porque siempre me sentí como una persona conflictiva.

Recuerdo que un día me pregunté: "¡Dios mío! ¿Por qué dije eso?", y la respuesta no se hizo esperar: "Estás tratando de impresionar a la gente. Quieres que te consideren". Pero no lo hacían y no lo habían hecho hasta ese momento, así que concluí que era bastante probable que tampoco lo hicieran en el futuro. Decidí observar qué sucedería durante los siguientes seis meses para ver si se producía algún cambio, pero nada. Como yo tampoco estaba cambiando, recibía lo mismo que yo manifestaba.

En ese tiempo yo me consideraba un joven muy interesante e inteligente, capaz de percibir las cosas con precisión. Contaba con muchas respuestas para una infinidad de temas, pero realmente era un tonto, porque lo único que sabía hacer era dar respuestas. Era incapaz de vivir lo que acontecía con una conciencia superior, por tanto, lo que permanentemente hacía era engañarme a mí mismo. Sin quererlo, sin hacer el menor esfuerzo, abría la boca y me salía una historia increíble. Yo pensaba: "¡Dios mío! ¿Quién es el que está contando esta historia? No era ni verdad ni tampoco algo que yo supiera a ciencia cierta, pero era tan aproximado que me sentía muy bien al respecto.

En resumidas cuentas, cada vez me enfrentaba más al hecho de que yo, constantemente, veía las cosas de manera errónea. Mi corazón parecía estar en el lugar correcto hasta que comencé a explorarlo. Me quedó claro lo siguiente: "Tienes miedo de que las personas te confronten y que no puedas respaldar lo que dices". "Está bien" —pensé— "los dejaré que me confronten sobre algo y entonces veré si soy capaz". Enseguida, simplemente afirmé algo y la gente me dijo: "Ya era hora". Durante todo ese tiempo, esas personas que eran mis amigas sabían que yo les había estado contando un cuento tras otro, tras otro, tras otro.

A raíz de eso me uní a un grupo de amigos totalmente diferente; ellos no me mantenían a raya ni me obligaban a comportarme. Yo *pensaba* que eran mis amigos y, si eso era cierto, no necesitaba enemigos porque me estaban permitiendo perpetuar un mal hábito.

Finalmente me propuse que “de ahora en adelante, sin importar que yo sea o no popular, voy a decir lo que tenga que decir, pero no voy a hablar por hablar”. Entonces pasaron semanas y más semanas en las que tuve muy poco que decirle a nadie. Durante ese período mis emociones se calmaron, mi mente se aquietó y mi cuerpo dejó de dolerme y se me acabaron los achaques. Algo decía: “Ahora sí que te estás poniendo inteligente”. Y yo seguía preguntándome quién diablos era el que hablaba. Yo seguía estando separado de aquello que *es*.

Empecé a buscar a personas que fueran más sabias que yo, que fueran más instruidas. Me di cuenta de que repetían las mismas cosas de los libros (libros que yo mismo podía leer), pero que eran incapaces de proporcionarme una experiencia que validara lo escrito. Yo tenía que *experimentarlo,* porque quería saber las cosas por experiencia propia.

En determinado momento uno de ellos me dijo: “Si haces esto, esto y esto, va a suceder esto otro”.

Entonces, hice esto, esto y esto y lo predicho sucedió. Me dije: "Finalmente he encontrado a alguien que puede enseñarme. Y si *él* puede enseñarme a *mí*, yo no puedo enseñarle a *él*, así que será mejor que me calle la boca y pare las orejas". Sin importar lo que él me propusiese, sin importar lo que dijese, yo simplemente lo hacía ciegamente y con fe. Él jamás podría herirme porque mi confianza amorosa era tan inmensa, que hacía imposible que él pudiera traicionarla. Incluso, ni siquiera en aquel momento supe que yo acababa de acceder a una conciencia clara.

Pero seguía sin avanzar de la forma en que yo sentía que debía hacerlo. De modo que le pregunté a esa persona:

—¿Puedo hacerte una pregunta, porque me la he pasado escuchando durante tantos meses?

—Esperaba que hubieses preguntado mucho antes —respondió él.

—Bueno —dije—, estas preguntas han estado rondándome en la mente.

—Habla, entonces —me instó.

—¿Por qué sigo teniendo tantas dificultades a nivel personal? Cuando estoy contigo no tengo ninguna dificultad. Todo es fácil y maravilloso, pero en cuanto regreso al mundo surgen las dificultades.

— Lo que creaste en algún momento, todavía se te está devolviendo —me contestó.

—Gracias —dije yo.

No entendía qué diablos había querido decir con: "Lo que creaste en algún momento, todavía se te está devolviendo", pero la verdad es que no entendía un montón de cosas que él me había dicho, por lo que me fui a mi casa y escribí en un papel: "Lo que creaste en algún momento, todavía se te está devolviendo".

Como uno o dos meses más tarde, volví a decirle:

—¿Puedo hacerte una pregunta?

Me dijo que sí y pregunté:

—¿Cuándo?

—Antes de que me conocieras y antes de tu nacimiento en este planeta esta vez, y antes de esta vez y antes de entonces —contestó.

—¿Cuánto antes? —pregunté.

—Más allá de la razón —me respondió.

Estaba listo para hacer las maletas y marcharme. Creo que sé lo que significa carecer absolutamente de ego. Es como si tuviese que mover yo mismo mi pecho hacia adentro y hacia afuera para respirar, e incluso llegaba a preguntarme quién estaba haciendo ese esfuerzo. La sangre, todo se me había ido a la boca del estómago, sentía mucho frío y temblaba y sabía que no me podría poner de pie, porque las piernas no me resistirían.

Pensé: "¿Cómo es posible que esta persona me diga esto y me haga tener esta experiencia? ¿Por qué me hace algo así esta persona en quien he confiado, a quien he amado y respetado y de quien he aprendido tanto? Podría haberme hecho tantas otras cosas que hubieran sido mucho más agradables". Inmediatamente me di cuenta: "¡Dios mío! Aquí estoy otra vez determinando cómo debería ser este hombre".

Él simplemente se quedó sentado, mirándome. Calculo que me debo haber quedado sentado ahí entre media hora y dos días. Realmente no pasaba nada, no había pensamientos ni preguntas, todo lo que pasaba era mi sangre que circulaba. En algún momento reuní la fuerza suficiente como para ponerme de pie y me fui. Pero regresé muy pronto y le dije:

—Me gustaría escuchar nuevamente.

—Hay que ver que tienes estómago —dijo mirándome.

Yo lo sabía, porque había pasado semanas con el estómago revuelto.

—Y también tienes sangre —agregó.

—Sí —dije—, sentí como que se me había ido y agolpado toda aquí, en el estómago.

—Se va a requerir de mucho valor para encontrar la verdad —me dijo.

Y yo pensé: "Bueno, ése es un punto de vista bastante subjetivo". Inmediatamente había vuelto a ponerme en contra de la persona que me lo estaba dando todo. Ahora estaba desafiando al maestro.

Inmediatamente lo capté y me dije: "¡Vamos, deja de hacer eso!", y le pregunté al maestro:

—¿Cuánto tiempo estaré teniendo esta actitud desafiante en mi mente y recayendo en el otro patrón?

—Hasta que aprendas a hacerlo mejor —respondió.

Entonces me fui. Regresé a casa y escribí en un papel: “Hasta que aprendas a hacerlo mejor”. Para mí, ésa era una de las declaraciones más vagas y yo estaba tan lejos de aprender algo que ni siquiera sabría cómo se manifestaría lo “mejor” cuando ocurriese.

Las dificultades eran mayúsculas porque tenía la promesa espiritual en mi interior y ella estaba saliendo a la superficie. Yo lo sabía y lo sentía, pero nadie podía darse cuenta. ¿Cómo iban a verlo si yo les estaba lanzando una sarta de estupideces y ya los tenía hartos a todos?

De modo que un buen día le dije al maestro:
—¿Puedo hacerte una pregunta?
—No —contestó.

Las lágrimas comenzaron a rodar por mi rostro sin que yo supiera de dónde salían. Lloré sin parar. Él siguió hablando con otros como diciendo: “Sigue llorando, pedazo de llorón”, lo que empeoró las cosas, porque yo no era un llorón. No lloraba ni aunque me amenazaran de muerte y, peor aún, los provocaba: "¡Vamos, adelante!". Pero esta persona podía hacerme llorar con un simple *no*.

Nadie era capaz de moverme un ápice de mi forma de pensar y esta persona ni siquiera intentaba hacerme cambiar de opinión. Simplemente me hablaba. Y cuando me decía algo, yo empezaba a experimentar cosas, pero si otras personas me decían lo mismo cuando les preguntaba no sucedía nada. ¿Por qué esta persona era capaz de remecerme con sus palabras y hacerme tener una experiencia y las otras personas simplemente estaban presentes? Yo las miraba y pensaba para mis adentros: "Eres tan tonto como yo".

Experimenté con los juicios hasta que empecé a pensar: "Si ellos son tan tontos como yo, yo soy tan tonto como ellos. Y si ellos resultan más tontos que yo, tendré que rebajarme hasta su estupidez". Descubrí que me estaba encadenando a patrones de una calidad cada vez más baja, los que se volverían en mi contra porque estaba tratando de equipararme en el mundo físico con todo lo que me rodeaba para poder sentirme parte de él. Pero todo cambiaba constantemente. Las estaciones se sucedían sin parar, el viento soplaba, el sol salía y, a veces, todo aquello sucedía simultáneamente y yo quedaba muy confundido. Podía usar un abrigo contra el viento y luego freírme al sol.

En esa época me sentía peor que Job en la Biblia. Pensaba: "El diablo fue bueno con Job, pero esto que me sucede a mí es terrible. Verdaderamente se las están agarrando conmigo. Y lo que es peor, a nadie le importa".

Cuando finalmente me armé de valor, volví donde el maestro, quien por lo menos me decía algo. Pensé: "Tal vez a él le importo porque al menos me *dice* cosas". Entonces, un buen día comprendí que esta persona profesaba más amor por mí en tres segundos o en la punta del dedo meñique que el amor que yo sentía en un día por todo el mundo o en una semana por cualquier cosa y todo el año por él.

Yo estaba muy por debajo de él, y eso considerando tan sólo el nivel del amor. Entonces, pensé: "¿Qué haría una persona que fuera el amante por excelencia cuando realmente está enamorado y es amoroso?", y la respuesta fue: "Todo lo que sea necesario".

Así que empecé a hacer las cosas que había que hacer. Pero aparecían personas que decían: "No debes hacer eso", y yo me sentía herido y rechazado y pensaba: "Nunca más haré nada *por ti*". Pero enseguida recapacitaba: "¡Espera! Se trata de hacer lo que sea necesario. Ese rechazo tiene que hacerse. Así que está bien, lo acepto. Empezaré a tragarme todo el orgullo de la ciudad entera". Había empezado a admitir mis errores.

Entonces supe de otro maestro que afirmaba que él era divino y pensé: "Ésa es la gota que rebasó el vaso. Él es divino y yo ni siquiera soy nada todavía". La persona se giró, me miro y me dijo:

—Tú también eres divino.

Pensé: "¡Vaya! Si quiero puedo hacer algo con eso. Voy a lanzar esta idea al tapete y veamos qué sucede".

Regresé corriendo adonde mi maestro y le dije:

—¿Puedo hacerte una pregunta?

—Sí —contestó.

—¿Soy divino?

—¿Tú qué piensas? —preguntó él a su vez.

Mi ánimo se fue al suelo.

Volví donde el segundo maestro y le dije:

—No soy divino. Si tú eres divino y dijiste que yo era divino pero no lo soy, entonces tú tampoco lo eres, ya que sería un error.

—¿Cómo llegaste a esa conclusión? —quiso saber.

—Es que le pregunté a mi maestro y él me preguntó que qué pensaba yo —respondí.

—¿Te dijo que no eras divino? —preguntó.

Dije que no y pensé: "De vuelta al maestro". Mi ánimo estaba nuevamente en alto.

Así es que le dije a mi maestro:

—Una pregunta.

—¿Qué?

—¿Es posible que un ser humano sea divino?

Me contestó que sí y yo pensé: "Ésa fue una buena pregunta". Era el primer atisbo de esperanza luego de, sabe Dios, cuantos años de vivir día tras día esperando que el sol saliera. (Un día, incluso le ordené al sol que saliese y salió puntualmente. Al día siguiente, le ordené: "¡No salgas!", pero salió a la hora acostumbrada. Decidí, entonces, que era mejor olvidar eso y que solamente ordenara lo que fuera posible para mí y soltara el resto, porque no era de mi incumbencia).

Yo me sentaba mientras el maestro me decía cosas y pensaba: "Sí. Es posible que tú seas divino y es posible ser divino estando en un cuerpo físico. Ahora me pregunto si la otra persona de allá realmente también lo es". Entonces recordé: "¡Espera un minuto! Yo he tenido dudas antes. ¿Podría saber si aquel es o no divino? ¿Podría saberlo?", y recapacité: "Hay una sola manera de averiguarlo y es ir y ver quién es esa persona".

Abandoné, pues, a ese maestro y me fui con el segundo.

—He abandonado a mi otro maestro para seguirte a ti —le dije.

—Eres un estúpido —respondió.

—¿Por qué? —quise saber.

—Pones en duda a tu otro maestro y no estás seguro sobre mí y debido a eso eres incapaz de encontrar la certeza en ti mismo. Regresa con tu otro maestro y no dudes de él. Aprende todo lo que puedas de él y luego ven a mí.

Pensé: "Vaya, me ha rechazado. Él es divino, dice serlo y yo no sé si es cierto o no. Quiero decir, si él lo afirma, qué más me da. Pero ahora, el tipo me ha rechazado y estoy siendo rechazado por Dios", y ése era el rechazo superlativo.

Así que regresé con el primer maestro y dije:

—Una pregunta.

—¿Qué?

—¿Puedo volver a ingresar a la clase?

—No.

Permanecí sentado balbuceando algunas palabrotas en mi mente. El maestro se dio media vuelta, me miró y dijo:

—Eso tampoco funciona.

Supe, entonces, que las palabrotas no iban a servir de nada y dije:

—Una pregunta.

—Sí.

—Sí, ¿respecto a qué?

—Has conocido a tu nuevo maestro.

—Esa persona no me acepta —dije.

—Es porque aún no comprendes lo que está sucediendo.

—¿Lo conoces? —pregunté.

—Sí. Ésa fue la persona que me enseñó a mí.

Me llevó bastante tiempo, pero poco a poco empecé a entender por qué yo tenía dificultades. Podía vislumbrar cómo el telón empezaba a levantarse en el escenario y pensaba: "Muy pronto la luz me cubrirá y seré capaz de actuar". El telón se descorría sólo un poquito, nunca por completo, pero yo podía ver que él estaba ahí aunque estuviera muy, pero muy distante de mí.

Así fue como me incorporé a la clase del segundo maestro. No dije: "Una pregunta. ¿Puedo asistir a tu clase?". Más bien, en mi interior sentía: "Estoy en tu clase". El maestro se dio vuelta y simplemente se me quedó mirando como diciendo: "Fíjense quien cree que está aquí".

El otro maestro no me aceptaba como discípulo, mis amigos me mentían, mis enemigos me evitaban y yo no les importaba un bledo a los que eran neutrales, cosa que tampoco podía soportar. Tenía que encontrar a alguien que se mantuviese estable el tiempo suficiente para que yo pudiera averiguar lo que sucedía dentro de mí.

Entretanto, a mí me sucedían un montón de calamidades como operaciones quirúrgicas y enfermedades. Todas las personas con las que compartía también las sufrían. Si no me pasaba a mí, les pasaba a ellos y entonces yo lo sufría indirectamente con ellos. Mis sentimientos de conmiseración me superaban. Si alguien tenía dolor de cabeza, antes de que me diera cuenta, a mí también me había dado uno. Hasta empecé a tener uñas encarnadas porque mi padre las tenía. Pensé: "¿Quién necesita esto? Eso es suyo". En el minuto en que empecé a decir: "Esto es suyo, esto es tuyo y esto es tuyo y esto otro es tuyo", todo se esclareció.

Pero la persona que entonces empezó a enseñarme más que nadie nunca lo hizo realmente de manera explícita, nunca me rodeó con sus brazos, nunca me dijo: “Ven, siéntate junto a mí, ven a comer conmigo, ven de visita a mi casa como los demás”. Esperé y esperé que me invitase y nunca lo hizo. Eso se conoce como poner una zanahoria frente a un burro y tú le das y le das y le das.

Un día dije:

—Una pregunta.

—Sí —dijo el maestro, y yo pensé: “Soy parte de la clase”.

Se quedó esperando, pero a mí se me había olvidado la pregunta. Ya sabía lo que me contestaría: “¡Bobo!”. Yo había ido especialmente a hacer una pregunta pero era demasiado tonto como para hacerla y por eso la respuesta sería: “¡Bobo!”. Me pregunté cómo se me había ocurrido eso, porque yo nunca me había considerado a mí mismo así, pero ése era mi estado real. Pensé: “¡Ojo! Si escucho bien, este hombre habla a este nivel pero también hace algo por este otro lado”. No me sacudía como el primer maestro pero, de noche, este tipo se aparecía en mis sueños. Era como para decir: "¡Por Dios! ¿Podrías salirte de mis sueños? Ya es suficiente con que se las tomen conmigo en clases y me rechacen, pero ¿quién necesita esto?". Era un entrenamiento muy sutil que me demandaba ser cada vez más sutil a mí.

Un buen día regrese donde el primer maestro y cuando entré, me dijo: "Ven", y me hizo sentar en su silla.

Me horroricé: "¡Por Dios! ¿Qué querrán escuchar de mí?".

—No tengo nada que decirles —les aclaré de entrada.

Entonces vi como la habitación se llenaba de luz por todas partes y pensé: "Eso si que les va a llegar aunque yo no diga una palabra. Y les diga lo que les diga, eso también les va a llegar..., así que simplemente les voy a contar un chiste".

Acto seguido les conté un chiste que los hizo estallar en carcajadas. Me di cuenta de que se me había conducido allí para que contara un chiste y rompiera una cristalización del grupo. A continuación hicimos una meditación y me marché. Contar el chiste había sido el único propósito de mi presencia en ese lugar. Había ido para hacer de bufón.

Cuando me puse a pensarlo, la idea no me agradó demasiado. Hubiese preferido ser divino y comunicar algún mensaje extraordinario. Habría preferido decir: "¡Aleluya, hermano! ¡Levita!" Me hubiese gustado contarles acerca de los platillos voladores que aguardaban en la cima de las colinas. Pero para entonces, yo no podía mentirles porque todos lo hubiesen sabido y yo habría terminado nuevamente en el fondo del salón.

Así que volví donde mi maestro de ese momento y dije:

—Una pregunta.

—Yo te envié a ese lugar —dijo.

—Una pregunta —insistí.

—Ya te la respondí —contestó.

—Pero es que no he hecho la pregunta aún —protesté.

—Pregúntame —dijo.

—Volví donde el otro maestro y conté un chiste. ¿Por qué fui allí?

—Yo te envié allí —respondió.

Pensé para mis adentros: "¡Vamos! Tuvo suerte con la respuesta. Podría haber contestado eso mismo a cualquier pregunta".

—No lo creas —dijo él.

Hasta ese momento había estado hablando para toda la audiencia, pero se dio vuelta, me miro y repitió:

—No lo creas.

Pensé: "Pero es que lo creo. Yo creo todo lo que él me dice".

Me miró y dijo:

—Cuando hablo, te digo la verdad. Pero lo que tú estabas diciendo no es la verdad.

Continuó hablando y yo especulaba: "Este hombre está jugando conmigo. Es como si estuviera jugando al "ahorcado" en mi frente y escribiendo ESTÚPIDO. No me gustaba para nada, pero prefería que escribiese eso a nada.

Esto se prolongó durante un tiempo. Un día, al finalizar la clase le pregunté:

—¿Te gustaría ir a tomar una taza de café?

—Pensé que nunca lo propondrías —me contestó.

Me dije: "¿Cuánto tiempo hace que estoy en esta clase siendo rechazado y sintiéndome descalificado, herido y humillado, y él estaba esperando a que yo lo invitase?". Y yo esperaba que saliera de él invitarme a su casa.

Entonces partí... y olvidé llevarlo conmigo. Simplemente me olvidé por completo de él. Había salido por la puerta, me había subido al auto, manejado hasta una cafetería, pedido una porción de tarta de piña, y cuando el mesero preguntó:

—¿Quiere tomar algo con su tarta?

—Tal vez una taza de... ¿Dónde quedó él? —pregunté espantado.

Salí disparado, me subí al auto, manejé como un loco ese par de cuadras, me abalancé por la puerta y lo encontré sentado en su silla con el sombrero puesto.

—¡Dios mío! —exclamé.

Comencé a reír y caí a sus pies. Apoyé mi cabeza sobre sus rodillas y empecé a reír y reír hasta que me brotaron las lágrimas. Y lloré, lloré y lloré, y lloré, lloré y lloré. Creo que debo haber llorado unas catorce vidas cuando él me preguntó:

—¿Pagaste tu tarta?

—¡Por Dios, no!

Me puse de pie y corrí hasta la puerta.

—¿Vienes conmigo? —pregunté, pero él ya venía detrás de mí pisándome los talones.

Nos subimos al auto y yo giré en la esquina sobre una rueda (la del volante). Estacionamos el auto y entramos. Ahí estaba mi tarta junto a la cuenta, mi taza de café y otra taza de café.

—Yo no tomo café —dije—. ¿Hay alguien sentado en esta mesa?

Me contestaron que no, tomé asiento y él se sentó frente a mí. La mesera se nos acercó, tomó la taza de café y se la colocó enfrente. Tomé la cuenta y lo más gracioso de todo es que cuando fui a pagarla, no tenía dinero, ni siquiera un penique para dejar de propina. Ofrecí dejar mi reloj en prenda y regresar más tarde a pagar. (Creo que en aquel entonces la cuenta ascendía a ¢49. Parecía una ganga a cambio de mi reloj, considerando que la tarta sabía horrible).

Nunca me llegué a tomar el café. El maestro tampoco se tomó el suyo, simplemente permaneció junto a mí. Y el simple hecho de que él estuviera ahí conmigo resolvió un montón de cosas que parecían no tener solución. No necesitaban ser solucionadas. No había nada que solucionar. Él las estaba solucionando al estar ahí.

Lo miré y le pregunté:
—¿Estás listo para marcharte?
—No.

Unos minutos más tarde, volví a preguntarle:
—Y ahora, ¿estás listo?
—No.

Podía sentir como me iba tensando y pensaba: "Veamos, ¿qué hago? ¿Le digo que tengo dolor de cabeza? ¿Le digo que tengo que ir a trabajar? ¿Qué tal vez están por cerrar la cafetería?". Pero yo sabía que ése era uno de esos lugares que permanecían abiertos toda la noche, así que no iba a tragárselo.

Pasamos como una hora con un pedazo de tarta y un vaso de agua. Nos bajamos la tarta en cinco minutos y terminamos el agua en unos diez, de modo que me quedé ahí sentado jugando con el vaso durante otros cincuenta minutos.

—¿Y bien? —dije finalmente.

—¿Tanto te molesta que te vean en público conmigo? —preguntó.

Pensé: "¡Por Dios! ¿Adónde he caído? He vuelto al estado en que estaba hace dos años contando cuentos que nadie se cree. Y esta persona me lo está diciendo con todas sus letras".

—¡Oh no! No es eso. Temía estar incomodándote yo a ti —le dije.

—¿No te parece que si así fuese te lo diría? —preguntó.

—Sí. *Pienso* que me lo dirías, pero que de hecho lo hagas o no, de eso no estoy tan seguro.

Podía percibir cómo yo retrocedía rápidamente al fondo del salón de clases. Algo dentro de mí se estaba retirando, era como si todo se estuviese cerrando y dije:

—Pienso que si tienes tiempo, lo aprovecharás para hacer lo que haces. Y calculo que si yo tengo tiempo, haré lo que hago. Tal vez sea el momento de que vayamos a hacer otra cosa.

—Bueno, estoy listo.

Yo no le había preguntado: "¿Quieres ir a hacer otra cosa?". Yo había dicho: "¿Estás listo para marcharte a casa?". Eso era lo que yo estaba preguntando y él había contestado que no estaba listo para marcharse a casa. Entonces caí en cuenta: "Esta persona responde a la pregunta en sí. No se preocupa de lo que *yo quiera decirle* sino que responde a mi *pregunta*".

—¿Adónde te gustaría ir? —pregunté entonces.

—Sigue por esta calle y yo te diré dónde doblar —respondió.

Empezamos a avanzar por la avenida.

—Dobla a la izquierda —ordenó.

Como yo iba por el carril derecho, dije:

—No puedo. Hay autos en ese carril.

Avanzamos una cuadra más y me pase al carril izquierdo. Una cuadra más abajo dijo:

—Dobla a la derecha.

—¿No era que querías doblar a la izquierda?

La historia se repitió por unas dieciséis cuadras. Ya eran cerca de las dos de la mañana y como no había demasiados automovilistas en la calle, pensé: "¡Ja, ja! ¡La tengo!", y me fui sobre la raya blanca, con una mitad del auto en cada carril. Cuando llegué a la intersección, le pregunté:

—¿Hacia dónde?"

—Sigue derecho —contestó él.

Me coloqué entonces en el carril derecho.

De pronto, se me ocurrió: "En el próximo semáforo me va a pedir que doble a la izquierda, así que será mejor que me fije si viene algún auto detrás de mí". No venia nadie, por lo que tomé el carril izquierdo. Miré si venía alguien por la derecha y pregunté:

—¿Hacia dónde?

—A la derecha —dijo él.

Di vuelta hacia la derecha y él pregunto:

—¿Cómo supiste cuál era la forma de hacerlo?

—Me fijé si venían autos detrás de mí, porque sabía que me ibas a decir algo y yo quería estar preparado —contesté.

—Ahora sí que vas por buen camino — dijo él.

Yo quería estar preparado y por eso tenía que fijarme en todos los carriles a mi alrededor, porque este hombre estaba tomándome un examen de conducción a las dos de la mañana. Yo ya tenía una licencia pero quería sacar otra: la licencia para hacer, la licencia para seguir indicaciones.

—¿Por qué no doblaste hacia la izquierda la primera vez? —me preguntó.

—No sabía.

—¿Crees que te haría chocar con algo que pudiera causarte daño? —me preguntó.

—Bueno, sí —dije—, me imagino que sí. Por eso no doblé.

—¿Lo haría?

Dije que no.

—Pero pensaste que sí —agregó él.

—Sí —asentí—, mi conducta lo confirma.

Pidió que me explicase. Yo lo conducía a su casa y el asumió mentalmente el mando del vehículo mientras yo movía el volante y le explicaba la situación. Cuando llegamos a su casale abrí la puerta del auto y le dije:

—Nos vemos luego.

—Ya has aprendido todo lo que yo puedo enseñarte —me dijo.

—Está bien —contesté mirándolo fijamente.

No había atisbos de rechazo, dudas o recriminaciones y tampoco "¿puedo hacerlo o no puedo hacerlo?".

Unos dos meses después regresé a verlo. Cuando entré al salón me dijo que me sentara en su silla. Pensé: "¡Ay, Dios!". Y todo dentro de mí comenzó a dar vueltas porque este hombre conocía cada pensamiento que había estado en mi mente, que estaba presente en ese momento y que se me ocurriría alguna vez.

Me senté en la silla del maestro y alguien dijo:
—Una pregunta.

Dije que sí y cuando hizo la pregunta, la respuesta surgió espontáneamente. Otra persona dijo:
—Una pregunta.
—Sí —dije yo.

Esos "bobitos" preguntaban las mismas cosas que yo había estado preguntando todo este tiempo y yo conocía todas las respuestas. Pero descubrí que no eran tan bobos. Me di cuenta de que sus ganas de saber eran auténticas. Y la pregunta que me hacían una y otra vez, y que es la misma pregunta que escucho de las personas con las que trabajo, es: "¿Cómo hago para que esto funcione? ¿Qué puedo hacer?".

Ésa es la verdadera pregunta aun cuando la gente la formule de muy diferentes maneras. La respuesta es que siempre, independientemente de lo que sea, eres tú mismo quien tiene que hacer las cosas. No importa lo que suceda en el momento que sea, dónde sea, estés con quién estés, tú tienes que mantenerte fiel a eso que dice: "Soy lo que Soy". Siempre tienes que regirte por eso. Eso no piensa, no siente, no tiene cuerpo, es lo que es. Ésa es la parte que es divina.

Entonces cuando digo: "Yo soy divino", no es ni mi ego, ni mi cuerpo, ni mis emociones. "Lo que es" lo está diciendo, porque nada más puede decirlo excepto eso. Lo *dice* tal cual. El resto dice: "Me siento divino, pienso que soy divino, me veo divino, me gustaría que pensaran que soy divino". Pero la parte que dice "Yo soy", ésa es la parte de la conciencia de Dios que habita dentro de ti. Ése es el despertar a la auto-realización, al ser verdadero.

El ser del maestro era el nivel al cual el maestro iba a funcionar, por eso a continuación, yo tenía que recurrir al maestro que funcionara al nivel espiritual más allá del Alma. No es necesario que identifique a esas personas y pienso que ya les he expresado mis más profundos respetos. E, indefectiblemente, todos diremos: "Gracias, Dios mío, por mi gurú, mi maestro, mi guía, mi portador de la Luz, el mío, aquel que estuvo junto a mí, el único al cual no podría haberle importado menos lo que yo hiciera en un sentido u otro y tampoco si lo lograba, pero que se aseguró todo el tiempo de que yo no fuese a fallar. ¡Todo el tiempo!".

Cuando miro en retrospectiva y reviso algunos de esos momentos, especialmente cuando alguien empieza a ponerse nostálgico, recuerdo esos años en que pasé por tantos trabajos, en las cosas que hice, hacia dónde viajé, el sufrimiento, los rechazos, y puedo ver que cada una de esas instancias estuvo guiada por esos maestros desde una conciencia superior especialmente *para mí* y que, durante todo ese tiempo, no tuve la inteligencia de saber que estaban observándome atravesar mi pequeño infierno. Ésa fue la purificación para que yo descubriese todas las cosas que yo pensaba que eran necesarias pero que no eran necesarias y llegara a distinguir lo que era comer el pan de la humildad o comer cuervo[4] (faisán, o lo que fuera), y aprender que, sin importar

[4] N.d.T.: "*To eat crow*" (comer cuervo) es otra manera de decir "tragarse el orgullo".

dónde te encuentres, siempre tienes que ser eso que eres.

No significa buscar a alguien para que te alabe por ser más de lo que eres o para que te mire en menos por ser inferior a lo que eres. Es alguien que se pone a tu nivel, que afirma ese nivel y que, luego, te empuja hacia otro nivel. A veces esto se expresa no invitándote a cenar con él, rechazándote, por así decirlo. Y, durante todo el proceso, aquellas personas sabían exactamente lo que yo iba a hacer.

Nunca me siento tanto como un títere como cuando le hablo a las personas ya que debo representar la conciencia del grupo (lo cual me convierte en un títere) y, al mismo tiempo, sostener a quien soy, para que se sustente esa parte que dice: "Yo soy lo que soy", la parte divina que se manifiesta, independientemente de lo que digas, pienses o hagas, o de donde vayas o de lo que suceda en tu mente. Se sostendrá porque, ya seas un tonto como yo y te lleve quince o veinte años, o seas inteligente como unos pocos que lo pueden hacer de la noche a la mañana, al final estarás sentado en el trono de lo que quieres. Y aun cuando en estos momentos no sepas lo que quieres, esa parte que sí quieres surgirá y la tendrás y dirás: “Juro por Dios que esto es lo que quiero, deseo y necesito”. Y es lo que ya eres y siempre has sido.

Hay quienes me miran a los ojos y me dicen: “¡Ay, J-R! Veo tanto sufrimiento”, y yo les respondo: “Es cierto lo que ves. Ha habido sufrimiento, pero mira más adentro, más allá de eso y verás el gozo, la felicidad, la gratitud que dice: “No me evitaron nada. Me permitieron dar cada paso del camino”.

Puedes hacer lo que quieras, pero eres responsable de todo lo que hagas. Entonces empiezas a ponerte responsable con relación a tus pensamientos, a tus sentimientos, a tu cuerpo y a lo que ingieres, y con relación a tus patrones adictivos. Te vuelves moderado para que no tengas que depender de este mundo. La dependencia de cualquier cosa en este mundo te hace regresar a este mundo.

Y en algún punto te vas a iluminar, vas a nacer de nuevo, a despertar al Espíritu. El mundo muere para ti y caminas *por* el mundo, pero eres del Espíritu. En ese momento se produce la liberación espiritual y entonces dices: "Nunca fui expulsado del Jardín del Edén. Simplemente cerré los ojos".

EL GUÍA ESPIRITUAL

CAPÍTULO CUATRO

Mi Reino Por Un Caballo

PROBABLEMENTE, UNO DE LOS MAYORES PELIGROS CUANDO SE ABORDA UN CAMINO ESPIRITUAL SEA LA BUSQUEDA DE RECONOCIMIENTO: "¡RECONÓCEME! ¡MIRA LO QUE ESTOY HACIENDO!".

Puedo recorrer mi vida y recordar la época en que Dios, en la forma de mi maestro (quien, de hecho, era Dios) me ignoraba completamente cuando trataba que Dios me conociera por intermedio de mi maestro. Algo bastante descabellado, porque yo sabía que mi maestro era omnipotente y omnipresente en todos los tiempos y en todo lo existente y, no obstante, yo trataba de conseguir el reconocimiento de su cuerpo físico. Y él me otorgaba el reconocimiento de su cuerpo físico, pero me negaba el reconocimiento del cuerpo espiritual.

Un día, en el colmo de mi estupidez pregunté:

—¿Por qué es que no te veo?

—Tú sí me ves —dijo él.

—Sí. Tú me dejas acercarme a ti y tengo acceso a ti cuando quiera. Puedo venir, tocarte el hombro y preguntarte mil cosas. Y tú siempre me pones atención y eres generoso conmigo todas las veces. Pero cuando no estoy contigo, ¿por qué me siento como ausente y vacio? —le pregunté.

—Bueno, eso es lo que tú querías. Querías reconocimiento en el cuerpo físico y renunciaste a la otra parte —contestó.

Realmente me dolió descubrir que al perseguir el reconocimiento de su cuerpo físico, yo renunciaba a la divinidad y, sin embargo, también sabía que dentro de ese cuerpo físico habitaba la divinidad. El maestro no me estaba tratando de lastimar, tampoco me condenaba ni nada parecido, y yo sabía que lo estaba recibiendo. Pero cuando el tenerlo es sólo una expresión a nivel físico eso quiere decir que en alguna parte del proceso algo no está funcionando.

En ese gran *Ashram*, esa comunidad conformada por miles de personas, era bastante obvio que yo era reconocido como el maestro. Me veneraban y, en cierto sentido, me adoraban y yo fomentaba eso. Desempeñaba el rol con arte y parte. De hecho estaba escribiendo el guión y tocaba todos los instrumentos de la orquesta. Mi gurú expresaba algo y yo decía: "Lo que está diciendo es tal y tal". Y él simplemente se sentaba, se me quedaba mirando y me observaba hacer el papel del tonto. Nunca me puso una etiqueta (y tampoco era yo tan inteligente como para haberme etiquetado a mí mismo).

Un buen día ese maestro me mandó a conseguir caballos. Ir a conseguirlos tomaba seis meses de ida y seis meses de vuelta, si es que la operación se podía realizar de inmediato y partir de vuelta. En resumidas cuentas, eso implicaba que estaría alejado de mi maestro unos cuatro o cinco años. No pueden imaginarse la agonía que pasé por desear una forma física. Incluso pensé: "¿Por qué mi maestro se habrá convertido en imprescindible para mí y ahora me destruye de esta manera?".

Pero mi gurú era muy, pero muy inteligente. Me mandaba en esa misión de gran responsabilidad porque ella sólo podía ser encomendada a quien gozara de toda su confianza, le hubiera demostrado lealtad incondicional, hubiera salido airoso de las pruebas y pudiera pensar como el gurú y hacer transacciones en su nombre, tal como él las haría. Me alegró tanto pensar: "¡Dios mío! Me eligió a mí. Soy *el* elegido para ir a hacer esto a nombre de mi maestro, que es famoso en todo el planeta". Al menos así lo era en mi mente.

Transcurridos cuatro o cinco días de mi partida a la misión me di cuenta de que tenía una pregunta para mi gurú. Quería regresar, pero para llegar hasta donde él estaba y volver para continuar con nuestro viaje me tendría que apresurar realmente, cabalgar en el más veloz de los caballos, hablar con el gurú, montar nuevamente a caballo y viajar todo el día siguiente para alcanzar al grupo que ya habría seguido avanzando.

Créanme, lo hice. Me alabaron mucho por mi devoción a mi gurú y a mi grupo, por el hecho de que viajara de vuelta cientos de kilómetros para arrodillarme frente a mi maestro, recibir su *darshan* y hacerle una pregunta, para luego montarme en el caballo y cabalgar toda la noche para alcanzar a mi gente, guiarlos por dónde debían ir y luego, cuando estuviesen preparados para pernoctar, volver a montar en mi caballo y al galope recorrer toda esa distancia para regresar adonde mi gurú. Créanme, eso es devoción y también deja tu parte trasera terriblemente adolorida.

Lo hice durante unas cuatro semanas hasta que mi cuerpo físico colapsó y se desplomó a los pies del gurú.

—¡Soy incapaz de regresar! —exclamé.

El gurú llamó a su gente y les ordenó:

—Tiéndanlo en una camilla, colóquenla en su carruaje y llévenlo de regreso porque él tiene una tarea que cumplir y no puede dejarla inconclusa.

—Pero estoy destruido físicamente. Estoy muy enfermo.

—Bueno, pero para el momento en que los alcances ya habrás sanado lo suficiente como para retomar tus responsabilidades —respondió.

De modo que partí y me dispuse a hacerlo. La primera noche luego de llegar sentí la agonía de no poder regresar a ver a mi gurú. Incapaz de conciliar el sueño pensaba: "Me voy subir a ese caballo y me marcharé. Ya les enseñaré yo". Pero fui incapaz de levantar mi trasero de la camilla donde yacía postrado, por lo que tuve que excusarme y decir:

—Bueno, si lo pudiese hacer lo haría, pero no soy capaz.

Muchas de las personas que me rodeaban dijeron:

—¿Por qué abusaste de tu cuerpo así y nos obligaste a cuidarte, impidiéndonos llevar a cabo estas otras actividades?

—Lo hice en servicio a mi maestro. En todo caso, ustedes *deberían* hacer esto por mí porque miren todo lo que yo he hecho. Quiero decir, ¿han visto alguna vez, tanta devoción? ¿Han visto alguna vez una demostración tan estúpida? ¿Han visto alguna vez, en toda su vida, a un necio tan grande al que hayan seguido?

Estaba empezando a comprender la situación.

Durante casi dos años en esa condición sufrí una total agonía y desesperación. Y aquel, a quien yo amaba por sobre todas las cosas, me había confrontado con la realidad de que si él era omnipotente y omnipresente estaría instantáneamente presente en ese lugar. Pero él no se manifestó, negándome la radiación espiritual de la forma espiritual hasta que yo no me hubiera tragado el karma por haber ocupado el lugar físico que le pertenecía a otros. Tenía que "comerme" el espacio de todos aquellos que podrían haber venido a sentarse ahí y a quienes él podría haber instruido y con quienes podría haber estado simplemente presente aunque lo único que dijera fuese: "¿Cómo estás?", y también le hablase a cientos de otras personas. Debido a mi estupidez les había negado el espacio de su existencia. Pero por a su infinita gracia, amor y absoluta devoción hacia mí (que reducía la mía a una demostración de mezquindad que daba lástima), me había mandado al mundo y me había hecho tragarme el karma.

Cuando llevé a cabo las transacciones para comprar los caballos, llegué al punto de hacerlas anónimamente. Decía: "Soy sólo el pobre y humilde servidor de un hombre que me pidió que viniera e hiciera esto", y conseguí los mejores precios por los caballos. Si la gente hubiese sabido que eran para mi gurú, probablemente hubieran cuadruplicado el precio porque se podrían haber beneficiado con la publicidad resultante: "Le vendí todos esos caballos a fulano de tal y él pagó estos precios, así que eso les demuestra lo cotizados que son mis caballos". Y entonces hubiesen podido estafar a toda la clientela. Y eso no estaba bien.

En el camino de regreso al *Ashram* caí en cuenta de que no le había dado el crédito a mi gurú. No había dicho quién era mi mandante y tampoco me había dado crédito a mí mismo. Era un error no haber hecho la operación a nombre de mi gurú.

Fue en aquella época que mi maestro se hizo presente en su forma radiante en mi interior. No sólo fue dentro de mí sino a todo mi alrededor. Estaba en los arboles, en las rocas, en el estiércol de los camellos y en todo lo imaginable. Simple y llanamente, estaba en todas partes. Y entonces lo comprendí: "¡Dios mío! Él está en todas partes. Es omnipresente. Está en todo, todo el tiempo". Siempre había estado allí, por lo que preguntárselo era una tontería ya que la respuesta no se haría esperar: "Aquí estoy". Cuando había estado físicamente en su proximidad, yo lo había asediado con preguntas estúpidas e ignorantes sobre mi pequeño universo mundano creyéndome un devoto del gurú. Sin embargo, lo había separado de la realidad de ser yo y yo él, completamente separados por la estupidez.

El viaje de regreso duró poco más de dos años. Y tomó más de lo que yo tardé en darme cuenta de que la gracia del gurú era asaz, que él era el que era, que era suficiente y que yo no necesitaba nada más. Me volví tan complaciente conmigo mismo, pero no en el sentido de no hacer nada sino en términos de una paz y unidad que me permitían quedarme dormido montado a caballo, o en un barrizal. Podía dormir junto a cientos de personas. Nada de ello importaba porque siempre dormía en la conciencia del Bienamado y ese ser amado estaba siempre presente.

¿Sabes? Puede ser muy aleccionador mirar de frente a las personas que has venido instruyendo durante largo tiempo e inclinarte a sus pies, ante el gurú que hay en ellos, y que entonces ellos tomen lo que les estás diciendo y te lo lancen a la cara para denigrarte. Y tenían pleno derecho a hacerlo. Los terribles golpes del destino son simples cuentos de hadas comparados con los golpes de las personas que quieren a toda costa vengarse de ti. Y tienes que entregarte a eso. Yo quería evitarlo por el dolor que sentía, porque en algún lugar interno el ego seguía aferrándose a sus intereses creados: "¡Ya verán! Cuando regrese con mi gurú, quien me va a recibir con los brazos abiertos, los voy a mandar al infierno". Y cuando estuve frente a mi maestro comprendí que no podría hacer otra cosa que lo que yo hacía por aquel entonces y que era ser el servidor que él había dispuesto que yo fuese. Me había enviado para ser su sirviente, para *servirlo* a todo nivel.

El gurú acostumbraba a servir a las personas, a limpiar lo que ellos iban ensuciando y a hacer cualquier cosa que fuese necesaria. Me sorprendía que tuviese la energía para hacer todo eso y para contestar mis preguntas y estar conmigo de manera exclusiva. Pero yo encarnaba a la perfección el ejemplo del imbécil y él me usó como herramienta de enseñanza. Cuando me marché del todo, el gurú solía decir:

—¿Todos recuerdan a fulano de tal?

—¡Claro que recordamos a fulano de tal! —respondían ellos.

—No hagan lo que él hacía. No demuestren la devoción como él. No se acerquen a mí de esa manera. No hagan las cosas así —les decía él.

Yo me daba cuenta porque, mientras el gurú les enseñaba, me llevaba al espíritu de su ser y yo lo escuchaba decírselo a la gente. Y en alguna parte de mí sentía lo malo de lo que había hecho, mi error, la esencia de la equivocación que había cometido detrás de la fachada del que sabe y es inteligente.

Pero no era capaz de levantar a nadie con mi cuerpo espiritual y llevarlo conmigo. Yo decía que podía, pero mentía. Intenté hacerlos creer que sí podía, pero no era verdad. Tenía que confesar todos los errores de espíritu. Pero no podía simplemente reconocer: "Oigan, les he estado mintiendo todo este tiempo"; tuve que acercarme a cada uno y decir: "En todas las ocasiones que dije esto y aquello", y dar todos los detalles. Y ellos exclamaban: "¿Qué tú qué? ¡Dios mío!". El hecho de decirles la verdad los destruía y yo tenía que tragarme el karma de la destrucción tanto mía como de ellos. Pero todo se hacía a la perfección por intermedio del gurú, maestro de maestros.

Y todos nos hicimos amigos, a tal punto que cuando finalmente llegamos con los caballos a la comunidad solamente había dicha entre nosotros. Todos cantábamos, los caballos cantaban, bueno.... ellos relinchaban. Llevaban la cabeza en alto, sus colas apuntaban al cielo, sus melenas flotaban al viento y la música fluía por todas partes. Entonábamos a los gritos nuestras canciones de amor por la gente anunciando la llegada de una nueva unión.

Entonces recordé la entrada triunfal de Jesús a Jerusalén y me dije: "¡Vaya! Qué parecido fue eso a esto", pero inmediatamente pensé: "¡Cuidado! No te identifiques falsamente maldiciéndote por la boca".

De modo que expresé lo magnífico que era el gurú. Pero la Biblia afirma: "Quien está en ti es más grande que quien está en el mundo" (1 Juan 4:4). Mi gurú estaba en el mundo, pero el gurú dentro de mí era la verdadera forma espiritual. Y las cosas se pusieron muy interesantes porque esa actitud, la de postrarse ante el gurú dentro de uno, te impide hacer el mal, te mantiene en un estado de dicha, a pesar de que a veces tengas que cumplir con tu karma.

—Bueno, pero ¿por qué no me sacas simplemente el karma? —solía preguntarle yo.

—El que yo esté aquí es suficiente— contestaba mi gurú.

Me costaba comprender esa frase. Pensaba: "Ya sé que estás aquí y que eso es suficiente, pero ¿por qué no te lo llevas? ¿Por qué tengo que hacerlo yo? ¿Por qué tengo que perder a mis seres queridos? ¿Por qué debo atravesar todo ese infierno y amargura?". Y él respondía:

—Porque yo estoy aquí —agregando—, y con eso es suficiente.

Para mí, eso era como tragarse una píldora mágica hasta que demostró que realmente estaba presente y supe que, sin importar lo que sucediese, eso era suficiente. Las personas iban y venían, proferían insultos, pero el hecho de que el gurú estuviera allí era suficiente en relación con sus insultos y con lo que hicieran.

Fue asombroso comprobar que antes, cuando las cosas salían mal y yo pensaba: "¡Dios mío! Esto está *mal*", después de que el gurú me hiciera conocer su presencia en todas las cosas, todo empeoró. Los caballos se enfermaron y llegué a pensar que el semental más valioso que teníamos estaba a punto de perder su capacidad reproductiva. Me preocupaba y me sentía molesto. Las cosas andaban mal y pensé para mis adentros: "¡Ay, Dios! ¿Por qué me mandaste a ese viaje? Yo no soy capaz de hacer esto; soy el menos indicado; no soy veterinario; soy simplemente un tipo que puede hacer preguntas y acurrucarse junto a su gurú, usurpar el lugar de otros y profesar una gran devoción, un gran amor y una gran unidad. Yo soy demasiado listo". Mi maestro me lo había permitido y es en esas ocasiones cuando realmente se te enseña.

Cuando llegamos a la ciudad y todos los demás condujeron los caballos adonde el gurú, yo me retiré a mi humilde morada, me limpié y estaba preparando un informe para entregarle a mi gurú, cuando éste lo requirió. Y él vino hasta mi vivienda. Ya sabes que cuando has visto su radiación internamente y ves la externa, esta última parece insignificante. Y lo olvidas tan instantáneamente que pregunté:

—¿Por qué has venido hasta mí? ¿Por qué estás aquí? Yo iba a ir a verte. ¿Por qué has venido tú?

—La razón de que haya venido a verte es que antes, nunca me diste la oportunidad a mí. Siempre venias a verme primero. A menudo quise venir yo *aquí* y comer contigo *aquí* y hablar contigo *aquí*, pero tu seguías yendo *allá*" —contestó.

Me estaba diciendo que siempre había estado conmigo en mi morada y que yo siempre dejaba el hogar para ir a otra parte, intentando estar con algo que no estaba ahí. (Aunque, por supuesto, sí lo estaba).

—Tu esposa y tus hijos demuestran más devoción que tú porque ellos se quedaron aquí y cuidaron de todas las cosas que tú descuidaste en tu entorno —prosiguió diciendo.

Era bastante difícil imaginar que el gran y poderoso ser espiritual que yo me consideraba fuese menos que el menor de sus hijos e inferior a su esposa. (En aquel entonces, decir algo así no era muy bueno, porque tus caballos venían antes que tu esposa y hasta un chivo era más importante que ella).

Al oírlo, el último atisbo de ego simplemente murió. Y cuando murió sucedió algo bien interesante. Las emociones del mundo —mi prolongación dentro del mundo— también murieron. Pero las emociones se transformaron y volvieron a entrar inmediatamente y las emociones de mi Alma, de mi Espíritu me encontraron y caí en éxtasis. No hay forma de describirlo. Estaba completamente embriagado, incapacitado siquiera de arrancarme la ropa y revolcarme en el lodo. De haber sido capaz lo hubiese hecho. No sabía ni cómo ponerme de pie, no tenía ni siquiera el conocimiento suficiente como para hacer nada, pero el que mi gurú estuviese presente, con eso era suficiente.

Fue impresionante comprobar cómo los problemas, las dificultades, las catástrofes desaparecieron. Si había hambruna no se pasaba hambre, porque ése era el momento de hacer una dieta depurativa para ponernos en buen estado y liberarnos de las enfermedades causadas por haber comido tanta grasa. Cuando faltaba el trabajo, ése era el momento de ayudar a los demás. Cuando no había nada, siempre existía eso que estaba enteramente presente y que era la perfección divina (no la interpretación mía). Y entonces caer en éxtasis es muy sencillo. Es muy fácil apreciar lo divino y la perfección.

Enseguida mi gurú me dijo:

—Ahora tienes que levantarte y ponerte a trabajar.

Y me saco del éxtasis de un plumazo. Pensé: "¡Ay, no! ¡Eso no, eso no!". Era como pedir mi biberón: "¡Voy a ponerme a llorar! Embúteme-lo en la boca, sáciame para que me quede tranquilo". Pero él jamás lo hizo.

Esa cosa está presente hasta el día de hoy. La forma puede cambiar, pero la parte amorfa no cambia nunca. Siempre ha estado presente "azotándote" en la cabeza. Siempre ha estado contigo enseñándote cómo funciona y cómo es su mecánica. El sendero de los Viajeros no es el sendero del hombre. El hombre no puede viajar por esos derroteros. Es un sendero de Dios y sólo aquellos que están en Dios pueden viajar por ese sendero. Es por eso que tienes que apelar a aquel que es más grande dentro de ti.

Aquel es a quien llamamos el Cristo, o lo Divino, o el Bienamado, o la unidad. Lo tenemos aquí dentro y a veces lo tapamos y lo defendemos contra todo, pero esa defensa es también una prisión. Por eso tenemos que derribar las barreras de nuestra auto-protección y volvernos infinitamente vulnerables, no en cuanto a nuestras emociones o a nuestra mente sino en cuanto a que aquel que está en nosotros sea quien transite por el mundo. Cuando lo haces, vive dentro de ti y accedes a la vida eterna porque entonces tú también estás vivo. No estás en un estado de existencia: las rocas existen, las plantas existen, las nubes existen. Tú en cambio estás en un estado de vitalidad, y esa vitalidad es un estado de conciencia despierta. No es un estado del hacer porque no tienes que *hacer* nada. Es un estado del ser: con que estés ahí ya es suficiente.

Hay mucha gente que simplemente es y eso es suficiente para ellos. Nuestra tarea entonces se despliega con toda claridad ante nosotros y lo único que tenemos que hacer es identificarla. Pero si nuestra tarea se limita sólo a nuestra persona, caeremos aunque estemos sentados al trono. Y si nuestro trabajo es para los demás y para todo lo existente aunque consista en trabajar en el granero llevando un balde de latón por sombrero, estaremos haciéndolo en el Reino de Dios.

Ser el más insignificante del Reino es estar más arriba que en ningún otro lugar, si verdaderamente sólo das y lo dejas fluir y permites que la unidad se haga presente pero no como un mecanismo de la mente en que piensas: "Voy a hacer esto y voy a hacer aquello". Eso es maquinar y manipular. Por el contrario, se trata de la espontaneidad del ahora que caracteriza a la divinidad.

Debemos permanecer siempre vigilantes. No debe haber ningún momento en que bajemos la guardia. Podemos acceder a la conciencia despierta. Puede que busquemos con desesperación y separación las situaciones inarmónicas en nuestro interior pero cuando descubrimos que el Viajero está ahí, eso es suficiente. Por consiguiente, debemos buscar con calma diciendo: "Sí. Me están pidiendo que cambie en trescientos sesenta grados. ¿Es una impertinencia? Está bien. Y esto, ¿es una impertinencia? Está bien". No lo está. "Sí, pero, Señor, por qué…", porque eso es una manifestación del ego. Sin defensa, sin ataque, simplemente identificación.

EL GUÍA ESPIRITUAL

CAPÍTULO CINCO

El Maestro Y El Charco De Lodo

RECUERDO UNA VIDA ANTERIOR EN LA QUE FUI PUESTO A PRUEBA POR EL ESPÍRITU.

En esa vida la gente acostumbraba a decirme:

—Tú sí que lo tienes todo. Siendo parte de este sendero espiritual, todo es lindo para ti.

—Sí —contestaba yo—. La verdad es que todo *es* lindo.

Y súbitamente empezaron a despojarme de todo. Mi medio de transporte desapareció, mis amigos me dejaron, todos mis seres queridos me abandonaron. La situación de Job en la Biblia había sido fácil porque él sabía que el Señor estaba involucrado en ella. Pero yo no tenía conciencia de ello. Job sabía que estaba siendo atacado por el diablo, y yo a él, aún no lo había visto. Es más fácil cuando sabes de qué se trata. Cuando no lo sabes puede convertirse en un "infierno".

Luché con dientes y muelas contra las personas que querían arrebatarme a mis seres queridos dándoles por la cabeza con lo que tuviera a mano: "¡Dejen en paz a mis seres queridos!", les gritaba. Pero ellos simplemente los alejaron de mí. Les volvía a pegar, pero ellos me quitaron el arma de la mano y con eso mismo me pegaron *a mí*. Yo pensaba: "Esto no es justo...". Y volvían a pegarme, pero yo les hacía el quite. Lo único que estaban diciéndome era: "No podrás llevártelos contigo, amigo, y no lo olvides. Y aquí te dejamos un chichón para asegurarnos de que lo hayas entendido".

En buenas cuentas me lo quitaron todo. ¡Todo! Lo bueno es que no gastaba mucho en ropa porque era poco lo que se necesitaba para cubrirme. También me acuerdo cuando perdí toda mi ropa. Por las noches buscaba un charco de lodo y me ponía lodo en todo el cuerpo para que cuando se secara me abrigara durante la noche. Luego en el día, tenía que correr a sacármelo para no ser calcinado dentro de él. Dedicaba gran parte de mi tiempo a buscar un charco de lodo que fuera agradable, que era el modo de encontrar ropa limpia. También aprendí que si te pones lodo que contenga terrones y otras cosas, te lastimas la piel cuando te lo estés colocando.

Sin embargo, había ocasiones en que yo disfrutaba al ponerme el lodo. Cogía el lodo y cubriéndome el cuerpo observaba los diferentes diseños que se formaban. Me había convertido en un experto. Pero olvídense, eso no me duraba mucho. Si el lodo estaba seco, tan pronto lo había esparcido un poquito se resquebrajaba y se desprendía, y entonces aparecía un lugar que se me enfriaba. También dolía colocarse lodo frío en la noche por lo que es mejor evitarlo, créanme.

Tampoco podía trabajar o buscar trabajo y nadie me iba a ayudar porque yo me había convertido en un flagelo, en un paria. La mayoría de la gente evitaba dirigirme la palabra y me aislaban. Y tampoco había nadie que me diera albergue.

Incluso me peleaba con los perros por los restos de comida y casi siempre el que perdía era yo. Y por último, comer cualquier cosa siempre me caía mal porque ya no existía un estómago en mí que pudiera contener la comida. La masticaba y la escupía porque allí adentro no había nada. No me tenía que preocupar por cosas como la digestión o la constipación porque no ingería nada, excepto un poco de lodo de tanto en tanto. Y éste contenía algunos minerales y otras pocas cosas, como virus y bacterias de diversos tipos así como excrementos de animales.

Había una sola cosa que yo repetía incesantemente: el nombre del Señor. La gente me pedía que me quitara del camino para que su ganado pudiera meterse en los barrizales y evitarles así las picaduras de moscas. Y como yo repetía ese nombre una y otra vez, así me llamaban.

Eso se prolongó durante mucho, mucho tiempo en que yo me mudaba de charco en charco. Aprender a vivir así, a ese nivel en que lo único que hace uno es tomar aire y exhalarlo, se conoce como supervivencia.

A veces la gente se me acercaba y me decía:

—Vaya... Tenías tanto y todo te lo han quitado. ¿Qué hiciste mal?

—Yo no sé si lo que hice estuvo mal. Pero una cosa que sí sé es que no podrán destruirme porque todo lo que me hacen lo hacen *por* mí, a pesar de mi ignorancia —les contestaba yo.

Incluso sumido en la ignorancia de no entender el porqué y desconociendo por entero la situación, jamás blasfemaba contra Dios o contra nadie en mi entorno. Y tampoco protestaba diciendo: "Vamos, Señor. ¿Por qué esas otras personas tienen tantos camellos, caballos y carruajes, y toda esa comida, y yo nada? ¿Por qué ellos sí? ¿Y por qué yo no?".

Viví un largo, largo tiempo en esas condiciones, y algunos me preguntaban:

—¿Por qué estás tan feliz?

—Si esto es lo peor que me puede pasar, si esto es lo peor que me tienen que enseñar, más les vale que se detengan porque yo no me voy a dar por vencido, haga lo que haga el Espíritu o Dios o el que sea —les respondía yo.

—A lo mejor te hicieron magia negra o alguna hechicería —agregaban ellos.

—Qué me importa. Si esto es lo peor que me pueden hacer están perdidos —contestaba yo.

¿Estaba siendo optimista? La disyuntiva era eso o caer en el pesimismo, pero ¿para qué ponerme pesimista si ya había topado fondo? Y la alternativa hacia dónde mirar era una: hacia arriba porque estaba en el suelo todo el tiempo. Realmente todo quedaba más arriba de mi vista. Y tratar de ponerme de pie solía ser una pérdida de tiempo, porque me volvía a caer apenas me paraba por el simple hecho de no tener la fuerza necesaria.

Un buen día me dije: "No sé cuánto tiempo más voy a estar aquí, pero si me van a tener aquí por mucho tiempo no me importa. Lo que sea que decidan está bien conmigo, así que adelante, háganlo porque de todas maneras lo van a hacer y yo no puedo evitarlo".

—Lo soportaste —contestaron, entonces.

—¿Terminó? —les pregunté.

—No —dijeron—, pero es el final de *esto*.

Y durante tres o cuatro días me devolvieron el dinero que me debían y las cosas que me habían quitado. Yo miraba a la gente y les decía:

—No lo necesito. Dénselo a otra persona. A mí me basta con mi lodo y mi charco. ¿Para qué podría servirme todo esto que ustedes quieren darme?

Les sorprendía que yo renunciara a todas esas cosas y que también regalara mis riquezas. Claro que como se acercaba el invierno, mejoré un poco mi situación porque hay que ser prácticos.

Y mi intención no es decirle a nadie que trate de demostrar alguna cosa andando desnudo por ahí, porque lo van a meter a la cárcel. Tampoco les digo que demuestren algo dejando de comer. Lo que sí estoy diciendo es que lo peor que les puede pasar no significa nada, porque seguirán existiendo aunque sea a un nivel que les parezca intolerable.

En aquella vida los cerdos eran la forma más baja de todas y yo los hacía a un lado y trataba de abrazarme a ellos para conseguir un poco de calor corporal. En la actualidad, hay algunos que están sentados en la falda del lujo de este mundo y si no comen tres comidas al día se quejan. Si alguien no los reconoce de inmediato se resienten. Y si los demás no los reconocen por la tremenda Luz que tienen adentro es porque deben de ser demonios o algo por el estilo; pero están totalmente equivocados. A un montón de personas que ocupan altos cargos en estos momentos los van a bajar de sus pedestales y van a terminar "revolcándose en el lodo con los cerdos". Espero que puedan manejar esa situación con la misma destreza que manejan la gloria en que viven actualmente, porque todo debe ser tratado por igual.

Y esa es una de las cosas más difíciles de lograr: tomar el éxito y el fracaso de la misma manera. La gente se me acerca y me dice: "J-R, te amo de verdad y sé quién eres", y yo les contesto: "OK. Que pase el siguiente". Luego, viene el que sigue y dice: "Realmente tengo dudas sobre quién eres", y yo le contesto: "OK. Que pase el siguiente". Me preguntan si hay alguna diferencia y yo respondo: "Ninguna. Está en *ti*. No está en mí".

Este planeta es el "manicomio". No hay nadie aquí que esté cuerdo porque si lo estuvieran, saldrían arrancando. Pero cuando puedes abandonar el cuerpo a voluntad y conscientemente y simplemente mueves tu cuerpo a través de este nivel, entonces sí que todo sabe bien. Eso es lo que significa que te den el postre y que también te lo comas. Significa que eres capaz de conseguir todo lo que quieres en el mundo, pero tú no quieres nada. Entonces deja de importarte internamente si una persona te saluda o deja de verte para siempre, porque ellos son parte de tu proceso de purificación.

Puedes convertir tu interior en un infierno, en un desastre con tu actitud de pensar que la vida te debe algo. Esa vieja expresión que dice que "la vida está en deuda conmigo" es una tontería. Ella no te debe absolutamente nada.

Y el Espíritu tampoco te debe nada. Debes tomarlo del Ello, pero no puedes tomarlo con una conciencia de pobreza. En la Biblia se dice que el hombre fue creado para que fuera el amo de todo lo existente (Génesis 1), pero primero tienes que convertirte en "hombre", en un ser humano y convertirse en eso es algo muy hermoso. No se trata de un animal que se disfraza asumiendo la forma humana. Es ser alguien que tiene realmente la capacidad de manejar lo que sea que le salga al camino, incluso los charcos de lodo.

EL GUÍA ESPIRITUAL

CAPITULO SEIS

Asumiendo La Conciencia Del Viajero Místico

ENTRE LOS VEINTE Y LOS TREINTA, ME SOMETÍ A DOS CIRUGÍAS MAYORES PARA EXTIRPAR TUMORES DE MI CARA Y DE MIS OJOS.

En mitad de la cirugía me di cuenta de que yo estaba mirando cómo se desarrollaba la operación desde un nivel totalmente distinto. Sabía que estaba inconsciente a nivel físico, pero extraordinariamente consciente a otro nivel. La parte de mí que observaba lo que ocurría era una conciencia absolutamente amorosa, benévola y fantástica. Ésa era la conciencia que yo realmente quería asumir por entero y en todo sentido. Ése era el yo del que quería estar consciente y que yo quería que estuviera presente todo el tiempo. Me prometí a mí mismo que sacrificaría lo que fuera por tener esa conciencia amorosa completamente presente. La quería con tanta fuerza, que estaba dispuesto a renunciar a todo con tal de serlo y saberlo de manera permanente todos los días. Por tener ese sentimiento amoroso y feliz, sentir esa total sintonía, conocer esa unidad que no termina nunca, yo estaba dispuesto a todo.

Me recuperé de la cirugía, los años pasaron sin grandes acontecimientos. Pero el sendero había sido trazado y dediqué mi vida a hacer aquello que yo sabía era lo correcto. Sólo hacía lo que mi corazón me decía que estaba bien, sin buscar recompensa sino sólo por el gusto de hacerlo bien. Conseguí que mi cuerpo se alineara con una disciplina del entendimiento. Cuando se me presentaron desafíos, no sabía si sería capaz de superarlos pero lo hice. Aprendí mucho: asumí riesgos, entré en nuevas fases de aprendizaje, me hice cargo de todo lo que podía y todo lo hice de la manera más perfecta y amorosa que me fue posible.

Una noche, al irme a dormir dije: "Quien sea que estés ahí arriba, creo que ha llegado el momento. ¿Qué crees tú?". Y esa noche me sacaron del cuerpo y me encontré viendo hacia abajo mirando mi propio cuerpo y todo lo demás. Me di cuenta de que la única forma de conocer este nivel es elevarse por encima de él y percibirlo claramente desde un nivel superior. ¡Qué cosa tan magnífica!

Cuando volví al cuerpo, a la conciencia física, dije: "Tengo una sola petición. Hacer esto a menudo: salir del cuerpo y volver a entrar en él cuando lo necesite. Y haré lo que haya hacer". Las fuerzas espirituales, que eran mis guías y maestros, me concedieron mi deseo y empecé a practicar. A veces me resultaba difícil. El cuerpo se me ponía rígido y todo se me dormía. Volvía al cuerpo y comprobaba que los músculos no me respondían. En ocasiones tenía que invocar a las fuerzas superiores de las que ahora yo estaba consciente para que me ayudaran. Me concentraba en Jesucristo, que era mi punto de referencia y le pedía que por medio de su poder moviese mi mano y ésta se movía. Como yo creía en eso, se me demostraba. Con el tiempo y con mucha práctica, conciencia y talento me fui poniendo cada vez más experto en entrar y salir del cuerpo. A medida que mi experiencia en viajar fuera del cuerpo fue creciendo, accedí al Alma y aprendí a sostener y a mantener la energía de ese plano.

Luego, en Diciembre de 1963 sufrí una profunda transición y se me hizo acceder a la conciencia del Viajero Místico, que es una conciencia completamente viva, dedicada por entero y con una devoción inconmensurable al poder supremo que es Dios, que es la vida, que es el amor. En retrospectiva, comprendí que había sido la conciencia del Viajero la que me había sacado del agua, la que me había salvado de accidentes automovilísticos y la que me había acompañado a través de mentiras y engaños, agonía y dolor, sabiendo desde un principio que yo saldría ileso en la conciencia del Alma.

Ahora, cuando miro hacia atrás al momento en que accedí por primera vez a la Conciencia del Viajero Místico, reconozco que mi mejor calificativo era que yo sabía amar, y ¡por Dios! sí que sabía hacerlo. Tal vez no haya sido demasiado bueno con mi mente o mis emociones, pero sí sabía amar. En aquellos primeros años me costaba mucho explicar intelectualmente lo que era un proceso del corazón. Trataba de encontrar las palabras que pudieran expresar lo que yo sabía que era una realidad y terminaba apelando al lenguaje por señas, y seguía sin poder transmitir el sentido. La gente me decía:

—¿Cómo vamos a entenderlo, si no lo explicas?

Entonces se los demostraba y les hacía experimentar el amor espiritual y sentir el poder del Espíritu, y ellos exclamaban:

—¡Ah! Ahora lo entiendo, pero eso no tiene nada que ver con lo que dijiste.

—Está bien. Explícalo tú entonces —pedía yo.

Y ponía mucha atención a la descripción que me daban con la esperanza de que me ayudaran, enseñándome nuevas palabras. Y cuando terminaban de explicarlo yo les decía: "No es eso". Con el correr de los años he ido mejorando mucho, aunque debo reconocer que cuando intento hablarles a ustedes del Espíritu soy un fracaso. Simplemente es imposible expresar el Espíritu en palabras.

Me llevó bastante tiempo aprender a manejar las energías superiores que ahora existían en mi conciencia. Cuando veía a nivel espiritual, solía tener dificultades para ver a nivel físico y pasé un par de años en algo tan simple como aprender a caminar sin darme contra las paredes que parecían querer "succionarme". No me parecían sólidas del modo en que yo las veía, pero eran definitivamente sólidas en relación con mi cuerpo físico. También era bastante común que al saludar a alguien, cuando estiraba la mano para estrechar la suya, me golpeara contra el brazo de la persona. Me largaba a reír y pedía disculpas, porque no era mucho más lo que podía hacer en esas circunstancias. Pero con eso estaba arriesgando que el verdadero mensaje de Dios y la experiencia de Dios se perdieran, ya que la gente tiende a enfocarse en los aspectos externos de la forma.

A la larga, mis dificultades para manejar la energía del Espíritu fueron desapareciendo y con el correr de los años aprendí a demostrar de una manera dinámica el poder del Espíritu, el conocimiento y las habilidades que están siempre presentes, y eso comenzó a revolucionar la vida de las personas. Cuando le escribía a alguien, la carta contenía tanto poder que las letras parecían salirse de la hoja. Todo esto era una demostración del poder del Espíritu, de la Conciencia del Viajero, del Espíritu Santo, de Aquello que Es.

EL GUÍA ESPIRITUAL

CAPÍTULO SIETE

El Trabajo Con Las Personas

LA GENTE QUISO SABER MÁS ACERCA DE ESTE ESPÍRITU QUE ESTABA PRESENTE.

En consecuencia comencé a dar pequeñas charlas por aquí y por allá. Las personas me pedían cada vez con mayor asiduidad que fuese a hablar con ellas. Yo tenía claro que no me interesaba organizar a una multitud, tampoco quería tener una cofradía o seguidores. Simplemente quería hacer lo que fuese necesario para liberarme de este nivel sin causar mayores estragos. Muchos maestros espirituales si no ponen cuidado, acaban creando un infierno en lugar de un paraíso, y yo no quería que eso me sucediera a mí. He puesto cuidado y llevado a cabo el trabajo, y durante todo el proceso me he ceñido a la guía del Espíritu. Es más, es raro que me levante por las mañanas sin tener antes una directiva clara de las fuerzas espirituales que trabajan conmigo. No me muevo hasta no obtener la autorización incluso para moverme.

Cierta vez, hace muchos años recostado aún en mi cama dije: "Señor, no me moveré de aquí hasta que no me des Tú mismo el consentimiento. No quiero mensajeros, éste tiene que ser un proceso que definitivamente no dependa de mí", y la respuesta que escuché fue: "No hay procesos que sean independientes de ti, no seas bobo". Así que me levanté.

El resto del mensaje decía que yo contaba con todas las claves, que la bendición había sido otorgada y que la responsabilidad que yo tenía era cuidar de las personas que acudieran a mí porque todas ellas eran enviadas por el Padre, que todos aquellos que acceden a la conciencia del amor y que siguen a la Luz y el Sonido de Dios son conducidos de vuelta al Espíritu. Todos han sido encomendados y son conocidos por mí. La directiva fue expuesta con toda claridad y se está cumpliendo ahora de maneras muy bellas.

Después de haber sostenido la Conciencia del Viajero Místico durante varios años, para mí había concluido la tarea para la cual se me había contratado aquí. El tiempo al que me había comprometido a servir había terminado, por lo que empecé a hacer los preparativos para regresar adonde vivo en el Espíritu. Entonces las fuerzas con las que trabajo de manera muy estrecha me informaron que quien estaba siendo entrenado para convertirse en el Viajero les había fallado y pensé: "¿Por qué a mí? ¿Por qué ahora?".

La respuesta que me dieron fue: "Pues, así nomás es". En aquella época había otros líderes espirituales que también se aprestaban a abandonar el planeta dejando a sus grupos carentes de un centro de energía espiritual con la que ellos pudieran funcionar. Las fuerzas espirituales sugirieron que tal vez yo quisiera quedarme y actuar como una batería de poder para esos otros grupos, aun cuando yo seguiría trabajando específicamente a través del Movimiento del Sendero Interno del Alma. De modo que al final acepté continuar trabajando con las personas aquí, de la mejor manera que yo pudiera.

Mi trabajo es bastante sencillo. Amo y motivo a las personas a que despierten al Espíritu interno y cumplo las funciones de guía espiritual a medida que las personas avanzan por su sendero espiritual hacia la conciencia del Alma.

Pensé que esta actividad en conjunto se vería enriquecida si encontraba a otros que me pudiesen ayudar en este trabajo. Empecé a buscar en mi entorno maneras de enseñar a las personas a hacer lo que yo podía hacer. Pedí un poco de asistencia y me mandaron ángeles. Pensé: "¿Qué pueden hacer los ángeles? Los ángeles son irreales aquí. ¿No me podrían enviar un maestro o mejor dos?".

Pero las fuerzas contestaron:

—Los maestros no van a trabajar contigo porque son maestros.

—¿Puedo tener aprendices entonces? —pregunté—. ¿Podría contar con alguien que hiciera lo que yo hago? Porque si puedo contar con alguien que haga eso, yo podría relajarme y canalizar la energía, que es lo que mejor hago. Podría dedicarme a muchas cosas que disfruto y de vez en cuando concentrarme en la acción lo suficiente como para mantener la energía fluyendo.

—¡No te pases de listo! —me respondieron.

—Yo soy así. Y para bien o para mal, es a mí a quien tienen. Dicho sea de paso, ustedes me aseguraron que yo contaba con toda la autoridad espiritual, así que no me pueden dar órdenes. Me aseguré de dejar bien en claro que yo no estaba en rebeldía, sino más bien en una actitud de total cooperación para averiguar lo que sucedía. Pero descubrí como siempre, que el punto de vista y las peticiones de las fuerzas espirituales superiores son invariablemente justas y apropiadas y que no queda otra alternativa que fluir con lo que es. También descubrí que estar al servicio del Espíritu es una bendición que va más allá de las palabras.

Lo que me hace feliz de trabajar con las personas es ver cuando se conectan con su dicha, con su verdad y su centro amoroso, porque ése también soy yo. El lugar dentro de ellas que quiere que todo sea perfecto, justo y amoroso es el mismo lugar que también existe dentro de mí que ha despertado a la perfección que es el Espíritu, que es el Alma.

Durante tantos años hubo una parte de mí que se resistía al fluir espiritual y decía: "No quiero hacerlo". Yo castigaba a esa parte mía y le decía: "No me importa qué quieras hacer o no hacer". Esa parte herida me suplicaba: "No quiero hablar con la gente. No los quiero enfrentar. No quiero hacerlo. No quiero...". En última instancia, me di cuenta de que por sobre todo yo no quería maltratar a esa parte mía, así que le dije: "Bueno, está bien. Acepto que no quieras estar con la gente, enfrentarte a ellos, trabajar con ellos o hablarles, pero en cuanto a mí, no cuentes conmigo. No te voy a maltratar, simplemente seguiré adelante y haré lo que tenga que hacer. Me encantaría que me acompañases, pero si no quieres te agradezco que al menos no me pongas cortapisas. Puedo suspenderte y anularte, si fuera necesario". Y en ocasiones tuve que hacerlo.

Esa parte sigue dentro de mí y cada tanto todavía le hago caso. A veces cedo ante sus presiones, entonces me alejo de las personas, reviso mi correo electrónico y me siento realmente a gusto. Otros días cuando tengo que hacer un trabajo distinto, simplemente hago lo que el Espíritu me indica que haga. Mantengo el centro fluyendo y dejo que todo transcurra en torno al trabajo que debe hacerse. Vivo libremente y no permito que esas partes infantiles que tengo manejen mi vida o mi amor. Soy amor y ese amor me dirige a la perfección, porque ese amor es Dios.

Para quienes sabemos que somos de Dios, nuestra responsabilidad es vivir con amor y ser amorosos en todo lo que hagamos. Podemos elevar al planeta con nuestra conciencia estando simplemente presentes y por la energía del Espíritu que se manifiesta por nuestro intermedio.

EL GUÍA ESPIRITUAL
CAPÍTULO OCHO

Los Comienzos Del Msia

A MEDIDA QUE FUI PROFUNDIZANDO EN EL TRABAJO ESPIRITUAL, EMPECÉ A HABLAR CON LAS PERSONAS Y A DECIRLES LO QUE YO VEIA EN SU SENDERO ESPIRITUAL Y EN SU KARMA.

Más y más personas se interesaron en hablar conmigo, por lo que comencé a estar cada vez más ocupado. En 1968 me invitaron a hablar para un grupo de personas en Santa Barbara, California, y eso marcó el inicio de los seminarios en los que yo hablaba con distintos grupos y les compartía lo que el Espíritu me señalaba.

Recuerdo que una persona me pregunto qué hacíamos en los seminarios.

—Bueno, estamos moviendo la conciencia espiritual interna[5] —le respondí.

[5] N.d.T.: *"Moving the spiritual inner awarness"*, que se traduce literalmente como "moviendo la conciencia espiritual interna", es la frase que le dio origen al nombre del movimiento espiritual fundado

—Entonces se trata de un movimiento de la conciencia espiritual interna —corroboró la persona.

—Pues claro. Eso es lo que es —dije yo.

En enero de 1971 se inscribió oficialmente *The Church of the Movement of Spiritual Inner Awareness* (Iglesia del Movimiento del Sendero Interno del Alma). El trabajo continuó creciendo y requiriendo más de mi tiempo, hasta que en Diciembre de 1971 decidí dedicarme a él a tiempo completo.

Durante todo este tiempo he venido diciéndole a las personas que escuchen mis palabras cuidadosamente, pero que no las crean de manera ciega y que verifiquen las cosas por experiencia propia. Es posible que este sendero de la Trascendencia del Alma no sea para ti y que tengas que recorrer otros senderos. La gente tiene karmas que cumplir de lo más extraños. El Espíritu hace entrar y retirarse a mucha gente de este Movimiento del Sendero Interno del Alma. Es por eso que cuando llega gente nueva yo les

---

por John-Roger, "*Movement of Spiritual Inner Awareness*", y que fue traducido al español como "Movimiento del Sendero Interno del Alma" para mantener las mismas siglas del inglés: MSIA.

digo: "¡Hola!", y cuando se van: "¡Adiós!". Son lo mismo y no hace ninguna diferencia para mí.

Al principio pensé que ser el Viajero seria una demostración de perfección absoluta y efectivamente así es, pero la perfección no está en este nivel físico sino en los niveles espirituales. Luego empecé a ser testigo de cómo esta conciencia se abría en otras personas. Cuando hablaba con alguien podía ver cómo esa conciencia emergía en su interior, cómo algo se conectaba y comencé a honrar a ese Espíritu en los demás.

Empecé a ver aparecer otras manifestaciones en la gente: a Cristo, la energía mesiánica; vi al Espíritu Santo, vi a Dios. Vi cosas que si te las contase, probablemente dirías que estoy completamente loco. Bueno, todas las enseñanzas pueden parecerte una "locura" hasta que no las compruebas tú mismo o trabajas con ellas. Entonces es probable que digas: "No son una locura; son prácticas".

En ocasiones, puede que los niveles en los que te vas a adentrar te parezcan una locura simplemente porque son experiencias nuevas para ti. Los niveles en los cuales te encuentras ahora son bastante prácticos y tú se los estás enseñando a las personas que se presentan como tus "estudiantes". Tienes que ser un "loco de remate" para ver el rostro de Dios, porque se requiere de gran valentía a nivel físico, emocional y mental.

Por eso, sé tú mismo. Sé un regalo del Espíritu para ti mismo. Sé tu propio Bienamado. Nútrete de tu conciencia del Espíritu y toma conciencia de que tú eres, así como yo y como todos, una perfecta manifestación de la presencia de Dios.

GLOSARIO

ALMA. Extensión de Dios individualizada dentro de cada ser humano. El elemento básico de la existencia humana, conectado a Dios por siempre. El Cristo Interno, el Dios interno.

BIENAMADO. El Alma, el Dios interno.

CONCIENCIA DEL ALMA. Estado positivo de existencia. Una vez que una persona está establecida en la conciencia del Alma, deja de depender o de ser influenciada por los niveles inferiores de la Luz.

CONCIENCIA DEL VIAJERO MÍSTICO. Energía proveniente de la fuente más elevada de la Luz y el Sonido, cuya misión espiritual en la Tierra es despertar a la gente para que tomen conciencia del Alma. Esta conciencia siempre existe en el planeta a través de una forma física.

ESPIRÍTU. Esencia de la creación. Es infinito y eterno.

ESPIRÍTU SANTO. Energía positiva de la Luz y el Sonido que proviene del Dios Supremo. Fuerza de vida que sostiene todo lo existente en toda la creación. Suele utilizar a la Luz magnética para trabajar en los planos psíquico-materiales. Funciona solamente a favor del bien mayor. Es el tercer elemento de la Trinidad, del Altísimo.

KARMA. Ley de causa y efecto: "cosechas lo que siembras". La responsabilidad que toda persona tiene sobre sus propios actos. La ley que rige y, en ocasiones, domina la existencia física de un ser.

LUZ. Energía del Espíritu que impregna todos los planos de existencia. También referida como la Luz del Espíritu Santo.

LUZ MAGNÉTICA. Luz de Dios que funciona en los reinos psíquico-materiales. No es tan elevada como la Luz del Espíritu Santo y tampoco funciona necesariamente a favor del bien mayor. Consultar también "Luz" y "Espíritu Santo".

MOVIMIENTO DEL SENDERO INTERNO DEL ALMA (MSIA). Organización, cuyo objetivo principal es llevar a las personas a que tomen conciencia de la Trascendencia del Alma. John-Roger es su fundador.

REINO DEL ALMA. Plano por sobre el reino etérico. El primero de los planos positivos y verdadero hogar del Alma. El primer nivel donde el Alma está consciente de su verdadera naturaleza, de su ser puro, de su unidad con Dios.

SEMINARIO. Charla dada por John-Roger (fundador y Consejero Espiritual del MSIA) o por John Morton (Director Espiritual del MSIA). También se le ha dado este nombre a las cintas de audio, CD's, videos o DVD's que contienen una charla de alguno de ellos.

SER FALSO. Se puede decir que es el ego, la personalidad individualizada que se percibe a sí misma incorrectamente como que estuviese fundamentalmente separada de los demás y de Dios.

TRASCENDENCIA DEL ALMA. Proceso de expandir la conciencia más allá de los planos psíquico-materiales hasta el Reino del Alma, y más allá.

Recursos y Materiales de Estudio Adicionales

por John-Roger, D.C.E.

LIBROS:

EL GUERRERO ESPIRITUAL:
EL ARTE DE VIVIR CON ESPIRITUALIDAD

Lleno de sabiduría, humor, sentido común y herramientas prácticas para la vida espiritual, este libro ofrece consejos útiles para tomar nuestra vida en nuestras manos y mejorar nuestra salud, ser más felices y tener mayor abundancia y amor. Convertirse en un guerrero espiritual no tiene nada que ver con la violencia. Implica usar las cualidades positivas del guerrero espiritual que son: intención, implacabilidad e impecabilidad para contrarrestar los hábitos negativos y las relaciones destructivas, especialmente cuando uno se enfrenta a adversidades mayores.

MUNDOS INTERNOS DE LA MEDITACIÓN

Guía de auto-ayuda para la meditación. Las prácticas de meditación que aquí se describen sirven como recursos valiosos y prácticos para explorar los reinos espirituales y enfrentar la vida cotidiana con mayor efectividad. En el libro se incluye una serie de meditaciones que sirven para expandir la conciencia espiritual, lograr una relajación más profunda, equilibrar las emociones e incrementar la energía física.

SABIDURÍA SIN TIEMPO

Este libro habla sobre verdades imperecederas como, por ejemplo, que todas las cosas provienen de Dios. Nos dice: "El mensaje de Dios es uno solo, a pesar de haber sido dicho y expresado de muchas maneras". Ese mensaje único explica que todo lo existente proviene de Dios y que todo existe porque Dios existe. Saberlo hace crecer nuestra confianza: Dios es multidimensional, está en todas partes, en todas las cosas y en todos los niveles de conciencia.

LA FUENTE DE TU PODER

Los medios para crear todo lo que quieres están a tu alcance, ya que tus mayores recursos y herramientas yacen en tu interior. Descubre en este libro la manera de utilizar positivamente tu mente, y el poder que tienen la mente consciente, el subconsciente y el inconsciente.

PASAJE AL ESPÍRITU

En este libro están planteadas las perspectivas ilimitadas del Alma en su camino de progresión espiritual. Su perfecta esencia es dilucidada con una delicadeza apenas digna del pensamiento maravilloso de John-Roger, exhibiéndonos con pulcritud el mágico hilo que por siempre la une a Dios.

¿CUÁNDO REGRESAS A CASA? **Una Guía Personal Para La Trascendencia Del Alma**

(con Pauli Sanderson, D.C.E.)

Relato profundo sobre el despertar espiritual, que contiene todos los ingredientes de una narrativa de aventuras. ¿Cómo adquirió John-Roger la conciencia que lo identifica verdaderamente? Además, nos explica que John-Roger encara la vida como un científico en un laboratorio, descubriendo maneras de integrar lo sagrado con lo mundano, lo práctico con lo místico, y discerniendo lo que funciona y lo que no. Junto con relatos fascinantes, en este libro encontrarás muchas claves prácticas que te ayudarán a mejorar tu vida, a sintonizarte con la fuente de sabiduría que está presente en ti todo el tiempo y a conseguir que cada día te impulse con mayor fuerza en tu emocionante aventura de regreso a casa.

¿CÓMO SE SIENTE SER TÚ? **Vivir La Vida Como Tu Ser Verdadero** *(con Paul Kaye, D.C.E.)*

"¿Qué pasaría si dejaras de hacer lo que piensas que deberías estar haciendo y comenzaras a ser quien eres?". Este libro ofrece ejercicios, meditaciones y explicaciones que te permitirán profundizar y explorar tu verdadera identidad. Viene con un CD inédito: "Meditación para el Alineamiento con el Verdadero Ser".

SERVIR Y DAR: **Portales a la Conciencia Superior** *(con Paul Kaye, D.C.E.)*

Éste es el momento perfecto para encontrarse con este libro. Enfrentados como estamos a desafíos económicos y cambios profundos que afectan al mundo entero, en él hallamos oportunidades nuevas de dar y hacer servicio, tanto a nosotros mismos como a los demás. Un libro que no se puede parar de leer, lleno de sabiduría que podemos contemplar y que nos hace reflexionar sobre ese llamado tan importante y especial que nos lleva a engrosar la lista de aquellos que se comprometen con el servicio y la entrega a los demás.

AUDIO: EL GUÍA ESPIRITUAL

En este paquete compuesto de cuatro seminarios en CD, puedes escuchar de labios de John-Roger las historias sobre su viaje espiritual y que inspiraron la publicación de este libro. Los seminarios que se incluyen son: En Busca de un Maestro; El Maestro y el Charco de Lodo; Mi Reino por un Caballo y El Ser Verdadero. Las historias son graciosas y conmovedoras y apuntan al mensaje profundo del trabajo espiritual que John-Roger ha venido a hacer. Escuchar las historias personales de J-R sobre su búsqueda son inspiradoras, ya sea que hayas incursionado en un sendero espiritual por un tiempo o que las experiencias espirituales sean algo nuevo para ti.

DISERTACIONES DEL CONOCIMIENTO DEL ALMA UN CURSO SOBRE LA TRASCENDENCIA DEL ALMA

Las Disertaciones del Conocimiento del Alma tienen como propósito enseñar la Trascendencia del Alma, que es tomar conciencia de que somos un Alma y uno con Dios, pero no en teoría sino como una realidad viviente. Ellas están dirigidas a personas que buscan un enfoque sistemático en su desarrollo espiritual y que el mismo se prolongue en el tiempo.

Las Disertaciones del Conocimiento del Alma son un conjunto de doce cuadernillos que se estudian y contemplan de a uno por mes. A medida que vas leyendo cada una de las Disertaciones, la conciencia de tu esencia divina puede activarse y tu relación con Dios profundizarse.

Espirituales en esencia, las Disertaciones son compatibles con cualquier creencia religiosa. De hecho, la mayoría de sus lectores considera que las Disertaciones apoyan su experiencia en el sendero, filosofía o religión que hayan elegido seguir. En palabras simples, las Disertaciones tratan sobre verdades eternas y hablan de la sabiduría del corazón.

El primer año de Disertaciones aborda temas que van desde la creación del éxito en el mundo hasta el trabajo de la mano del Espíritu.

El juego de doce Disertaciones para un año tiene un valor de US$100 (cien dólares). El MSIA está ofreciendo el primer año de Disertaciones a un precio de introducción de US$50 (cincuenta dólares). Las Disertaciones vienen con una garantía de devolución de dinero sin cuestionamientos. Si en algún momento decides que estos estudios no son para ti, simplemente devuelve el juego completo y recibirás el reembolso total de tu dinero.

Para ordenar los libros, CD's, DVD's y Disertaciones, ponte en contacto con el MSIA llamando al (323) 737-4055 (EE.UU.), o envía un e-mail a pedidos@msia.org, o simplemente visita nuestra tienda en línea en www.msia.org

SOBRE EL AUTOR

John-Roger, D.C.E. (*)

Maestro y conferenciante de trayectoria internacional, John-Roger es una inspiración en la vida de muchas personas alrededor del mundo. Durante más de cuatro décadas su sabiduría, buen humor, sentido común y amor han ayudado a muchas personas a descubrir el Espíritu en ellas mismas, a sanar y a tener paz y prosperidad.

Con dos libros escritos en colaboración, que alcanzaron el primer lugar de ventas de la lista del *New York Times*, y con más de cuarenta libros y materiales de audio sobre auto-ayuda, John-Roger ofrece un conocimiento extraordinario en una amplia gama de temas. Fundador y consejero espiritual de la iglesia sin denominación de culto *Movement of Spiritual Inner Awareness* (Movimiento del Sendero Interno del Alma, MSIA), el cual se enfoca en la Trascendencia del Alma, fundador y primer presidente, y actualmente canciller de la *Santa Monica University* (Universidad de Santa Monica), fundador y canciller del *Peace*

(*) Doctor en Ciencia Espiritual, programa de postgrado ofrecido por el *Peace Theological Seminary & College of Philosophy*, www.pts.org.

Theological Seminary & College of Philosophy (Seminario Teológico y Escuela de Filosofía Paz, PTS), canciller de la *Insight University* (Universidad *Insight*) y fundador y consejero espiritual del *Institute for Individual and World Peace* (Instituto para la Paz Individual y Mundial, IIWP) y de *The Heartfelt Foundation* (Fundación *Heartfelt*).

John-Roger ha dado más de seis mil conferencias y seminarios en todo el mundo, muchos de los cuales se transmiten a nivel nacional (EE.UU.) en su programa de televisión por cable, *That Which Is*, a través de *Network of Wisdoms*. Ha aparecido en numerosos programas de radio y televisión, habiendo sido invitado estelar en el programa *Larry King Live*. También es co-autor y co-productor de las películas *Spiritual Warriors* (Guerreros Espirituales) y *The Wayshower* (El Guía Espiritual).

Educador y ministro de profesión, John-Roger continúa transformando vidas al educar a las personas en la sabiduría del corazón espiritual.

Para más información sobre John-Roger, visita el sitio web www.john-roger.org

JSU GARCIA PETER STORMARE SALLY KIRKLAND WITH ERIC ROBERTS

THE WAYSHOWER

SCOTT J R PRODUCTIONS "THE WAYSHOWER"
JSU GARCIA PETER STORMARE SALLY KIRKLAND SEBASTIAN DARR HOWARD LAZAR NINA BERGMAN
TOD HUNTINGTON EVAN HART RICK OJEDA ELIZA ROBERTS ERIC ROBERTS
REED JOHNS MATT BUNDELL WARREN WORKMAN LARRY SEYMOUR REUBEN STEINBERG
RICK OJEDA DAVID HINKINS LAURIE LERNER JSU GARCIA, DSS & JOHN-ROGER, DSS
JOHN-ROGER, DSS JSU GARCIA, DSS & JOHN-ROGER, DSS

A traveler through the ages.

Official Selection FirstGlance Film Festival

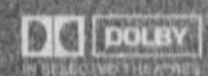

Official Selection On Location: Memphis International Film & Music Fest

www.thewayshower.com www.twitter.com/wayshowermovie www.facebook.com/thewayshowermovie

EN QUÉ SE INSPIRÓ LA PELÍCULA *THE WAYSHOWER* (EL GUÍA ESPIRITUAL)

La vida del Dr. John-Roger, incluyendo las historias específicas descritas en este libro, motivaron a la filmación de la película bajo el mismo nombre, *The Wayshower* (El Guía Espiritual). John-Roger y Jsu García juntos escribieron y co-dirigieron la película *The Wayshower,* cuya filmación se completó en el año 2011.

En el film *The Wayshower* actúan: Eric Roberts, nominado a un Oscar por la *Academy Award* (*El Tren del Infierno*); Peter Stormare, nominado por el *Screen Actors Gild (Chocolat)*; Jsu Garcia *(La Rebelión de Atlas)*; Evan Heart *(Un Ciudadano Ejemplar)*; Leigh Taylor-Young, ganadora del premio Emmy (por la serie de televisión *Picket Fences*); Sally Kirkland, nominada a un Oscar por la *Academy Award* (Anna); actuando por primera vez, Howard Lazar (*Libre para Elegir*) y la actriz de TV de Dinamarca y estrella del *rock*, Nina Bergman.

PRODUCCIÓN

La película *The Wayshower* fue filmada casi en su totalidad en Utah, EE.UU., con algunas escenas filmadas en Marruecos, Francia, Inglaterra, Perú y España. Los componentes de naturaleza metafísica y abstracta de esta película permitieron implementar efectos de avanzada, tanto a nivel de sonido como visual para representar aspectos de la historia que no representan fenómenos puramente visuales. Contando con el ganador del premio en la categoría Diseño de Sonido de la Academy Award, Dane Davis (Matrix), esta película rompe con viejos esquemas representando fenómenos sobrenaturales por medio del sonido y de efectos visuales con un singular dramatismo.

El estilo de edición que se usó en la película produce una experiencia artística inteligente y provocadora. Tal como en El Halcón Inglés y Amnesia, que produjeron en la audiencia un nuevo nivel de conexión con la historia por medio de su edición única y no lineal, *The Wayshower* ofrece al espectador también una experiencia absolutamente inédita. La influencia de Steven Soderbergh actuó como fuente de inspiración y de apoyo para asumir riesgos usando métodos experimentales y no tradicionales de edición, narración y filmación.

Finalmente, *The Wayshower* deja planteadas preguntas al público, ofreciéndoles una experiencia única en un viaje a través del cual el espectador puede explorar y encontrar respuestas a nivel personal.

ESTRENO Y PROYECCIONES

The Wayshower se ha proyectado hasta ahora en eventos de pre-estreno y estreno oficial en Los Angeles, California, y de pre-estreno en Londres y París, en Europa. En varias ocasiones se han hecho proyecciones de retribución a través del estado de Utah, como una forma de agradecer y apreciar al elenco local, al equipo y a las comunidades que ayudaron a la realización de esta película (Park City, Salt Lake City, Price, Helper y Moab).

Al momento de esta publicación, la película *The Wayshower* ya fue estrenada oficialmente en los EE.UU. y su versión en DVD está pronta a salir a la venta en *iTunes* con subtítulos en español. Puedes informarte acerca de las próximas exhibiciones en todo el mundo suscribiéndote a *The Wayshower Mailing List* en thewayshower.com. También puedes ver una sinopsis de la película, leer nuestro blog, comentarios y artículos de prensa (en inglés) y ver fotos exclusivas tomadas durante la filmación, así como secuencias fílmicas.

Si deseas mantenerte en comunicación sobre eventos, proyecciones y noticias de la película *The Wayshower* entra a:

facebook.com/thewayshowermovie
twitter.com/wayshowermovie

FESTIVALES Y PREMIOS

The Wayshower ganó el premio al Mejor Reparto en el *FirstGlance Film Festival* en Hollywood, California, en el mes de Abril del 2011, y recibió también un premio en el *Honolulu Film Awards*, en Hawái, en el mes de Mayo del 2011.

MEDIOS DE COMUNICACIÓN (PRENSA)

Si deseas recibir información actualizada de *The Wayshower*, favor de contactar a Zoe Golightly, llamando al 323-422-0002 (EE. UU.) o enviando un e-mail a zoe@msia.org.

TESTIMONIOS SOBRE LA PELÍCULA

"Es la mejor película que he visto".

—***David Wynne,*** *conocido escultor Británico*

"*The Wayshower* describe el camino espiritual imperioso, complejo y multifacético de un hombre agobiado por la culpa, quien intenta restablecer la conexión con su gurú, J-R. Los seguidores de John-Roger en la vida real, así como cierto segmento de personas que andan en una búsqueda y que poseen una mentalidad moderna, podrán identificarse con los mensajes y lecciones de vida que se postulan en la película".

—***Arielle Ford,*** *autora de El Secreto del Amor*

"*The Wayshower* nos encantó. Es un retrato increíblemente real de una persona acongojada que busca la paz y que, al mismo tiempo, nos da información biográfica sobre la vida de uno de los maestros espirituales más inspiradores que aún están vivos".

—***Drs. Ron and Mary Hulnick,*** *Co-Rectores de la Universidad de Santa Monica, CA, EE.UU.*

"¡Qué tarde tan maravillosa! Todos los espectadores en una búsqueda de algo superior, mirando una película inspirada por un maestro espiritual y su devoto discípulo. Podías sentir la esencia del llamado de Dios y la entrega por entero de quienes estuvieron involucrados en darle forma. Un film que todos los que están en un sendero espiritual debieran ver".

*—**Dr. Ed Wagner,** Fisioterapeuta*

"En *The Wayshower* se combinan un mensaje poderoso de esperanza y redención con una estupenda técnica de filmación; el resultado es una película que eleva, un alimento para el alma".

*—**Howard Fine,** Instructor de Actuación y autor del libro, Fine on Acting*

"Gracias por hacer esta película tan reveladora. Al mirarla, vi partes de mí en las que no había pensado hacía mucho tiempo. Me fui del cine habiendo comprendido muchas cosas. Me reí, amé y aprendí de esta película".

*—**Kristen Addix,** Indigo Starlight Productions*

"Todos vivimos y existimos, sabiéndolo o no, en diferentes niveles o planos; llamémoslo soñar, ensoñar, volarnos, hablar con uno mismo o escuchar nuestra propia voz. *The Wayshower* plasma todo esto en la pantalla, simbolizando nuestra persecución de la verdad y el sentido de la existencia en el viaje que emprende Jsu García. La búsqueda de su maestro, de su Guía Espiritual es algo universal, ya que todos representamos simultáneamente al maestro y al discípulo. La actuación estoica de Eric Roberts nos recuerda a Henry Fonda en *Las Uvas de la Ira*, mientras que Peter Stormare, a un Hannibal Lecter mucho más desagradable. *The Wayshower* ilumina e ilustra una verdad con la que todos podemos identificarnos y presenta actores talentosos, lugares hermosos y una historia conmovedora que nos mantiene pegados a nuestros asientos, en un estado de fascinación de principio a fin. Eso, al menos, es lo que me pasó a mí".

—***Laura Mola,*** *Escritora/Productora*

"Estuve toda la semana esperando la proyección de la película, ¡aunque fuera la novena vez que la veía! Me doy cuenta de que cada vez es una experiencia diferente. Amo la cinematografía y la historia, y esta película me conmueve profundamente. Todas las veces que he visto esta película maravillosa salgo muy agradecida."

—Dr. Kate Ferrick, *Experta en Relaciones Interpersonales*

"Al aprontarme a asistir a la proyección de *The Wayshower,* la expectativa mía era ver la vida de nuestro bienamado J-R. En cambio, me vi lanzada a un viaje en que el tiempo y el espacio eran imposibles de definir, simbolizando de algún modo la vastedad y eternidad de nuestros corazones. Jsu García y el elenco te llevan por un camino en que los mundos internos se alinean en perfecta armonía con el Espíritu. No saldrás defraudado".

—Amelia Amell, *Artista Visual*

"Me encantó esta película. La encontré increíble y no hallo las horas de volverla a ver. Todo me pareció mágico, desde la cinematografía hasta la actuación. Jsu, el elenco y el equipo técnico realizan un trabajo de excelencia. Estoy tan impresionada y me siento tan honrada de haber tenido la oportunidad de verla. Mis sinceros agradecimientos a todos los que participaron en ella".

—Julie Ireland, *Productivity Coach, David Allen Company*

"La vi con expectación y me conmovió cada una de sus sutiles y, sin embargo, profundas instancias. Mi hijo adolescente se sentó al borde de su butaca, embelesado con la dinámica entre el padre y su amado hijo adolescente, J-R, un Guía Espiritual de nuestros tiempos".

—Regina Athnos, *Profesora*

"*The Wayshower* me encantó. La actuación y el sonido son de primera calidad, y el film extremadamente hermoso".

—Jonathan Rosenbloom, *GSO Business Management*

"Una película conmovedora, con una historia que me absorbió completamente y me mantuvo cuestionándome todo el tiempo. ¡Me fascinó!".

—Adam Carasso, *Ingeniero de Software*

"*The Wayshower* es una película visionaria, que deberían ver todos los que se preguntan "quiénes son en realidad". Muy bien lograda y su sonido es ¡fantástico!".

—Kevin Carr, *Director Creativo, Green Twith Tamara TV*

"Ver la película *The Wayshower* no sólo fue muy agradable y me mantuvo interesada todo el tiempo, sino también me motivó a buscar y a conocer nuevos niveles dentro de mí".

*—**Joe Ann Cain,** Psicóloga*

"*The Wayshower* describe historias que John-Roger cuenta una y otra vez a través de sus enseñanzas, pero además, le agrega humanidad al momento en que descubre su misión espiritual. Cálida y tremendamente inspiradora, una gran película para todos los que estamos despertando a la Luz".

*—**Dr. John Cawley,** Gerente de Software, Formula Consultants*

"Pude apreciar mejor la vida de J-R, sus enseñanzas y su obra. También se me aclaró mucho lo que significa ser un Guerrero Espiritual y la necesidad de alinear mis seres internos con mis intenciones, sabiendo que si quiero tener más Espíritu, necesito ponerme a tono con lo nuevo".

*—**Rinaldo Porcile,** Presidente, Cumbre de Líderes.*

www.ingramcontent.com/pod-product-compliance
Lightning Source LLC
LaVergne TN
LVHW090941080826
845145LV00003B/843

* 9 7 8 1 9 3 5 4 9 2 9 9 3 *